小学校社会科実践の不易

新学習指導要領の
実現に向けての
ヒントがいっぱい
社会科実践集

名古屋市教育センター研究調査部長
出井伸宏 著

黎明書房

はじめに

　わたしが生まれ育った名古屋市では，毎年，１年間の自分自身の実践記録をまとめて応募する「指導体験記録」という，教員の力量向上に向けた教育施策がとられています。(第３期名古屋市教育振興基本計画 p.76，2019 年３月)

　毎年の応募要項には「本市学校教育の努力目標に沿い，創意工夫して取り組んだ日常的な指導体験の記録を広く募り，本市学校教育の振興を図る」ことを目的とすることが書かれています。

　令和元年度 (2019) には，67 回目を迎えるという長い歴史と伝統をもっています。指導体験記録は毎年，名古屋市の多くの教員が応募しており，優れた実践には特選，入選，佳作という賞が授与され，教育長から表彰されます。例えば，わたしが，特選をいただいた平成 7 年度には 530 編 568 名 (共同研究もあり) の応募があり，特選 5 編，入選 39 編，佳作 111 編が選ばれ表彰されています。指導体験記録を書くという取り組みを通して数多くの実践が蓄積されるとともに，名古屋市の教員育成の大きな柱になっています。

　わたしは昭和 62 年 4 月に名古屋市の教員となり，教職 2 年目となる昭和 63 年から指導体験記録に応募し始めました。若き日から，ずっと社会科 (低学年の場合は生活科) を核にして子どもたちと歩んできた記録を毎年 400 字詰め原稿用紙 25 枚にまとめ，自分自身の 1 年間の社会科実践を振り返り，次年度の目標を立てて教員生活を送ってきました。

　わたし自身が指導体験記録を書く際というか，実践する際，大切にしてきたモットーは「魅力的な新教材の開発」「子どもが一生憶えている授業づくり」です。今回掲載した指導体験記録は，自分自身の目と耳と足で丹念に調査して子どもたちにぶつけた独自教材で，教育委員会から賞をいただいた記録です。

　ところで，わたしも令和元年 5 月に 56 歳を迎え，現在名古屋市教育センター研究調査部

長として，名古屋市のシンクタンクの役割を果たす部署に所属しています。定年退職まで残り5年といったところに差し掛かってきました。

教育センターでは，名古屋市の先生方に様々な講義，講話をする役割も一つの仕事として与えられ，日々過ごしているうちに，「何か少しでも令和時代に真剣に子どもを育てようと日々精進している社会科教師の皆様に何かお役に立てるメッセージを送ることはできないか」と考えるようになりました。

そんなとき，『55歳からの時間管理術 「折り返し後」の生き方のコツ』齋藤孝著（2019年，NHK出版新書）に触れ，まさに「社会に貢献すること」でこれからの人生を充実したものにしたいという思いをより強くしました。

教育では，令和2年4月（2020）からいよいよ新学習指導要領の完全実施が小学校から順次始まります。

学習指導要領が改訂されるたびに思うことは，「不易と流行」があるということです。新学習指導要領（平成29年7月）では，改訂の基本方針にある「社会に開かれた教育課程」「育成をめざす資質・能力の明確化」「見方・考え方を働かせた授業づくり」「主体的・対話的で深い学び実現に向けた授業改善の推進」「各学校におけるカリキュラム・マネジメントの推進」等の課題を受けて，社会科編も大きく改訂されています。これらの課題は，社会の変化に伴う「流行」の部分として，社会科の新しい指導内容や時代の変化に対応した教材と直結し，どのように実践していったらよいのかという，これからの社会科授業の課題としてとらえることができます。

しかし，平成から令和に時代が変わろうが社会科教師として常に心掛けたいこと，大切にしたいことが存在します。先輩が昔から大切にし続け，わたしたちに脈々と伝えてくださった，社会科の「不易」の部分といえます。具体的には一番は「魅力ある教材開発」なのですが，「子どもの問いを大切にした問題解決的な学習の充実」「観察や調査・見学・体験などの具体的な活動やそれに基づいた多様な表現活動の充実」等も挙げられます。

しかし，不易の部分について最近の社会科の実践を見て，若干憂えることがあります。特に「自ら教材発掘して魅力ある教材開発をする」の部分では本当にそう思います。

「この先生は自分の目と耳と足でしっかり教材開発しているのかな」「インターネット情報だけを頼りにして，それを鵜呑みにして指導しているだけではないのか」「出来合いの教材を子どもの生活実態を踏まえず，指導しているだけではないか」「先生がよくしゃべり，画一一斉型になっていて，子どもの問いを生かしていないな」「社会科を楽しく教えているのかな」等々。心配になる社会科の授業実践を目にすることがあります。

こうした思いと不易の部分の大切さを少しでも，「これから小学校社会科を指導する先生方に伝えたい」，さらに「自分自身の実践記録（指導体験記録）から，少しでも不易の部分をくみ取っていただきたい」という思いにかられるようになりました。

　昭和の終わりから平成 10 年前後までのやや古い拙い実践例ではありますが，子どもの側に立った教材発掘・開発等にかけた熱意と社会科の様々な指導スキルのヒントは伝えられるのではないかと考えています。

　ただ指導体験記録を載せるだけではこれからの実践に活かしにくいのではないかと考え，新学習指導要領のキーワード・キーセンテンスを下記のように 4 点取り出し，関連する指導体験記録の前に挿入し，それぞれの実践のポイントを解説しました。

　1　「地域の実態を生かし，児童が興味・関心をもって取り組む学習」
　2　「学校教育目標実現に向けて社会科（低学年の場合：生活科）を核としたカリキュラム・マネジメントの推進」
　　「グローバル化する国際社会に主体的に生きる子どもの育成」
　3　「社会に見られる課題の教材化」
　　「社会に見られる課題を把握して，その解決に向けて社会への関わり方を選択・判断する力，選択・判断したことを表現する力の育成」
　4　「具体的な体験を伴う学習の充実」

　令和実践に向けて，新学習指導要領のキーワード・キーセンテンス実現に向けての参考になれば幸いです。

　さらに Ⅱでは令和実践に向けて，「主体的・対話的で深い学びの実現につながる」指導スキルとしての「意思表示板」を使った社会科授業実践の紹介や，指導体験記録特選をいただいた歴史トラベラーの実践がこれからの個別最適化の学びと深く関わるプロジェクト型の学びのヒントにつながること等を解説したいと考えました。タイトルの内容とは少しはずれますが，合わせて参考にしていただけたら幸いです。

目次

4　「具体的な体験を伴う学習の充実」　108

Ⅱ　令和実践に向けてのヒント　　　123

1　「主体的・対話的で深い学びの実現につながる」指導スキル 「意思表示板」　124

2　指導体験記録「歴史トラベラー」（6年）の実践から，「学びの個別化・協同化・ プロジェクト化の融合」への可能性を探る　144

小学校社会科実践の不易

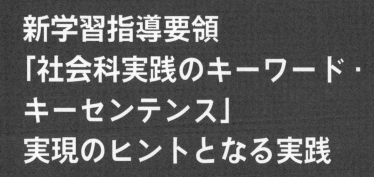

I

新学習指導要領
「社会科実践のキーワード・
キーセンテンス」
実現のヒントとなる実践

1 「地域の実態を生かし，児童が興味・関心をもって取り組む学習」

　『小学校学習指導要領（平成 29 年告示）解説社会科編』の「第4章指導計画の作成と内容の取扱い」の中で，内容の取扱いとして三つの配慮事項が列挙されています。

　その一つが地域の実態を生かし，児童が興味・関心をもって学習に取り組めるようにすることです。地域の実態を生かし，児童が興味・関心をもって学習に取り組めるようにするとは，地域にある素材を教材化すること，地域に学習活動の場を設けること，地域の人材を積極的に活用することなどに配慮した指導計画を作成し，児童が興味・関心をもって楽しく学習に取り組めるようにすることであると解説されています。

　さらに，第5学年及び第6学年においては，我が国の産業，政治，歴史などについての理解を深めることが目標であり，地域素材を取り上げた学習にとどまることのないよう指導計画を工夫する必要があると書かれています。

　ここで紹介する二つのテーマに基づいた歴史学習の実践はともに地域の歴史素材を真正面から教材化して進めた実践例です。自分が赴任した校区及びその周辺の歴史素材，さらに名古屋を代表する歴史素材を教材化しています。

　一つ目の実践は，名古屋市が指定する史跡散策コース「戦国の武将・柴田勝家コース」（校区を含む）を丹念に自分の足で調べて教材としました。まさに教材開発です。

　その中で時代の特色をよく表していて，当時の世の中の様子に迫ることができそうな素材は一つの単元として，世の中の様子までみえにくい地域素材は単元の導入やまとめに位置付けたりしながら指導計画を立てていきました。これは我が国の歴史について理解を深めることが究極の目標であることを念頭に入れた場合の「地域の歴史的素材の扱い方」を提案しているものです。

　その年間計画の一部が p.15 に載っています。

　各学校現場で身近な歴史素材を教材化して年間計画を立てる際の参考になればと考えています。

　また，この実践は生活科の全面実施（平成4年）の前年のもので，平成元年の小学校指導書社会科編をよりどころにしていて，具体的な活動や体験を重視する教科である生活科との関連を図ることが「指導計画の作成上の留意点」となっています。

　こうした点も新学習指導要領では「観察や見学，聞き取りなどの調査活動を含む具体的な体験を伴う学習やそれに基づく表現活動の一層の充実を図ること」が指導上の留意点として列挙されて引き継がれています。

　柴田勝家等と所縁のある寺の住職さんからの聞き取り，史跡散策コースの歴史探検，「かめ割り柴田」の場面の再現活動，名古屋城実践では石引の体験活動，農民になったつもりでの立場討論等を工夫しました。立場討論は「言語活動に関わる学習の一層の充実」にもつな

がります。

　これらを基に，時代の特色を表している地域素材を教材化し指導を進めていく際の基本的な学習の流れも提案しています。(p.27)

　併せてみていただきたいと思います。

　二つ目の実践は，地域の歴史素材を教材化すると，教師が与える資料だけで学習が進められる恐れがあります。子どもは最初は関心を示したものの，あとは教師主導になってしまったと反省することがたびたびありました。

　そのことから脱却するために，悩みに悩んで考えた指導法が「歴史トラベラー」です。当時のテレビ番組「文珍の歴史なんなんだ！」をヒントにしました。番組では毎回歴史トラベラーが登場し，視聴者に謎解き風に問いを投げかけて番組を進行させていきます。この方法を授業に応用しようと思ったのです。

　p.32 を見ていただくとわかりますが，歴史トラベラーとは興味をもった人物や歴史的事象等を自分ないしグループで問いを見つけて調べて，調べたこと，謎解いたことなどを，一斉授業の導入などで持ち込み，先生とともにその該当単元のかじ取りをします。年間計画(p.33) を立てて 1 年間取り組みました。

　いわゆる一人一人のプロジェクト型の学びの成果を活用して歴史の一斉学習を展開していくという流れです。子ども主体の歴史学習に転換していくための一つの提案です。

　代表的な実践例として，「織田信長がどうして桶狭間の戦いで今川より少ない軍勢で勝てたのか」をクイズ的・謎解き的に持ち込み，それを皆で話し合うという授業を紹介しています。

　ちょうど平成 7 年は名古屋市が全国に先駆けて学校週 5 日制 (月 2 回) が始まりかけたところで，ゆとり教育とともに子どもたちの学びの主体性・自立性についての議論がされ始め，自己教育力や土日をどう子どもが過ごしていくかが問われていました。指導体験記録特選をいただけたのは，休日にも自立して学んでいくための素地を培うための学校での歴史学習のさせ方が評価されたこともあるのではないかと考えています。

　また，後半の戦争を扱う単元はちょうど平成 7 年度が戦後 50 年であったことも実践するには好機といえました。

　この二つのの実践が，地域素材を生かした歴史学習のさせ方，さらには新学習指導要領のキーセンテンス「地域の実態を生かし，児童が興味・関心をもって学習に取り組めるようにすること」の参考になれば幸いです。

　当時，この実践が内外教育にも掲載されたので，次頁で紹介します。

授業を創（つく）る

生き生きと学ぶ子供が育つ学習

出井伸宏●名古屋市立■■■小学校教諭

戦後名古屋の考古学の先駆者・荒木実さんが設立した「荒木集成館」を訪れた時のことである。展示物の説明を受けたり、荒木さんが収集した土器に触ったりしながら、こんなつぶやきが聞かれるようになる。「すぐ近くにこんな歴史が……」「教科書や資料集で見たことがここにもあった」初めての第四土曜日に再び家族で荒木集成館を訪れ、展示物の歴史を年表にまとめてくる子も出てきた。

生き生きと学ぶ子供たちを見て、身近な地域の素材を何とか教材化していけたら……。

歴史トラベラーの活躍を支援

地域の歴史を出発点に教科書に載っている日本の歴史（全国史）を自分に引き寄せて生き生きと学んでいく、そんな子供が育つ学習を創造していきたい。実践に向けて、構造づくりが始まった。

地域の歴史の素材を洗い出すが、どの素材も教師が与える資料で学習が進められる恐れがある。教科書にも、資料集にも調べるよりどころはなく、全員の子供を素材を資料館に連れ出すことも不可能である。これでは地域の素材とはいえ、教師主導の教える授業となってしまう。知識注入となりやすい歴史学習を子供の体験を中心とした学習に転換していきたい。一年間の歴史の授業を子供たちがつくっていけるようにしたい。

そこで考えたのが、歴史トラベラーという方法である。自分が特に関心のある人物や歴史的事象を選択し、それにかかわる史跡や文献などを調査する。その結果をなぞ解き風に教室に持ち込んで、みんなに提示する。提示するとともに、授業のかじとりも行っていく。年間を通して、全員の子供が一度は歴史トラベラーとなるように年間指導計画を立て、実践を進めた。

ここでは、単元「織田信長と戦乱の世」で桶狭間の戦いを取り上げた実践例を紹介したい。

信長に興味をもつ四人がトラベラーとして、桶狭間の戦いに関する史跡や史料館を調査した。この四人がこだわったのは「わずか三千の軍で信長はどうして二万五千の軍を率いる大大名、今川義元に勝てたか」であった。調査を進めるうちに、トラベラー同士の間で信長が勝てたわけについて議論が起こり始めた。

「義元に酒を飲ませたことが功を奏したんじゃないかな……」「奇襲作戦がよかったからだ……」「天気が味方したからだ……」。

トラベラー同士の会話が弾んでいるのを聞きながら、信長が義元に勝てたわけについて、自分なりの意見をもったトラベラーに提案させてみてはどうだろうか。例えば、A男には酒を飲ませた説を、Y子には奇襲説を、全体を把握しているW子には司会を……。三つの仮説提案で始まった信長の学習の第二時。

トラベラー以外の子にどの説をとるか、立場を選択する。自分と異なる説に対して、次々に質問や反対意見をとばす。トラベラーは収集した資料を提示しながら、自分の説が有力であることを説明する。そんなことを繰り返すうちに、信長がどんな人物か、自分の考えがはっきりしてくる。さらにそれを基にして、信長の天下統一に向けての行動を追究していく学習につなげていった。

今までの自分の歴史の授業は、地域の素材を教材化しても教師が資料を与え過ぎ、学習自体が子供にとって身近にならないことが多かった。

しかし、歴史トラベラーが地域の素材と教室をつなぐ架け橋となり、従来の教師対子供のキャッチボール的な学習を大きく転換できた。この学習スタイルは、教師の指導意図が前面に表れないため、子供の問いが生まれやすい。教師は一歩下がって、子供同士の学び合いを見守り、支援者としての役割を果たす。そこに、子供主体の歴史学習が生まれる。

■1996年（平成8年）8月23日　内外教育　第3種郵便物認可

また、卒業文集にも歴史トラベラーの実践を6年間の一番の思い出として記入してくれた児童が多くありました。その一つをp.45に掲載しました。まさに子どもが「一生憶えている授業」が展開できたことは教師としてうれしいかぎりでした。

◆地域の実態を生かし,
　児童が興味・関心をもって取り組む学習

Theme1
世の中の様子を生き生きと
追究させる歴史学習の指導
―地域の素材を生かし，具体的な活動や体験を重視して―

平成３年度６年実践　名古屋市立Ｍ小学校にて実践

I　はじめに

　昨年度，学区内にある史跡散策路「柴田勝家コース」を写真におさめたり，古老より聞き取り調査をしたりして，冊子にまとめる機会を得た。学区は戦国武将・柴田勝家ゆかりの地であること，学区内に一色城・下社城があったこと，江戸時代に一色温泉があったことなどがわかった。「M学区にこんな多くの歴史が」と言いたくなるほど，多くの古文書・古地図にも出会った。

　本年度，6年生を担任することになり，「新興住宅地にこんな歴史が」という驚きや発見をぜひ児童とわかち合いたいと考えた。

　4月当初，その願いに基づき，歴史の導入単元「歴史を学ぶ前に」で，学区で発見されたかめ棺をスライドで提示した。児童は「わたし達の学区にも縄文人がいたの。」「どんなふうに埋められていたの。」など，かめ棺に関する驚きや疑問を出し合った。そして，かめ棺に幼児が埋葬されている様子を想像図に描かせた。さらに，M学区で出土された土器（宮嶋考古資料館蔵）をスライドで見せ，借用した土器の破片に触れさせた。

　C　すごい，こんな多くの土器が学区から出てきたなんて，信じられない！
　C　当時，学区の人々はどんな生活してたの。

など，学区の大昔に思いをはせた。

　生き生きと学習に取り組む児童の姿を見て，次の2点を重視した歴史学習を創造していきたいと考えた。

　○　身近な地域素材の教材化
　○　具体的な活動や体験を取り入れた学習活動の工夫

　この2点を踏まえ，自分達の生活の歴史的背景に関心をもたせると共に，世の中の様子を身近な地域と結び付けて，生き生きと追究させていきたいと考え，実践研究に取り組むことにした。

II　実践に向けての基本的な考え

1　身近な地域素材の教材化

　身近な地域素材の中には，当時の世の中の様子を反映しているものが少なくない。そこで，身近な地域素材の中で，時代の特色をよく表しているものを教材化し，年間指導計画を作成

した。

月	小単元設定	とらえさせたい世の中の様子	地域（学区中心）の歴史的素材	具体的な活動や体験
7	柴田勝家と戦乱の世の中（6時間完了）実践例1	学区出身の勝家は、生き抜くために信行を裏切り、信長の家来となったんだ。そして、信長の天下取りを助けるため、多くの知恵を出して、信長第一の重臣までになったんだ。そんな勝家も秀吉の知恵に敗れ、自殺してしまった。まさに知恵に優れ強い者が天下を取る世の中なんだなあ。	○柴田姓の墓地 ○柴田姓の家々 ○一色城址 ○神蔵寺 ○下社城址 ○柴田勝家出生地の石碑 ○明徳寺	●「柴田勝家コース」の歴史探検 ◎「かめ割り柴田」のエピソードをさぐる対話劇 ＜知恵＞
9	徳川家康と名古屋城〜石垣づくり〜（4時間完了）実践例2	学区の石も使われたといわれている石垣工事で、徳川家康は、豊臣方の西国大名（外様大名）の勢力を弱め、自分の権力を全国に示そうとしたんだなあ。そんな家康の大名統制にかかわる知恵・工夫が幕府の基礎を固めたんだなあ。	○猪高層の石材 ○名古屋城の石垣 ○清正石	●「清正石」と自分の体の大きさくらべ ◎「清正の石引」の模擬体験 ＜苦労＞
10〜11	幕府の農民統制と一色村（4時間完了）実践例3	江戸時代中期、三大ききん、米価高騰に代表される不安な時勢に学区・一色村の農民もおふれ書き、五人組、キリスト教禁止……とその生活のすみずみまで、しっかりとりしまられたんだなあ。　そんな一色村の農民の気持ちも「一揆に出よう。」「土地を逃げよう。」「いやいやだけど、おふれに従おう。」など大きく揺れ動いたであろう。	○尾張国村町絵図〜一色村〜 ○宝暦9年のおふれ書き（神蔵寺蔵） ○送り一札 ○五人組文書	●「一色村」の絵地図づくり ◎農民になりかわっての立場討論会 ＜生き方＞

> **注：世の中の様子まで見えにくい地域素材の扱い**
> ○単元の導入に位置付け、「その当時の様子は、どのようだったか。」と、時代の様子に興味、関心をもたせる。
> ○単元のまとめに位置付け、「当時の学区はどのようだったか。」と学習を発展させたり、まとめをさせたりする。

2　具体的な活動や体験を取り入れた学習活動の工夫

（上記の年間指導計画表　●…観察，調査　◎…再現活動）

単元の導入では、先人の行動に興味・関心をもたせるため、身近な地域の遺跡や遺物などの観察（見学）や調査を取り入れる。

先人の行動を追究させる展開では、先人の知恵・苦労・生き方に目を向けさせる再現活動（対話劇、模擬体験など）を取り入れる。

Ⅲ　実践の内容

:::
　実践例1　柴田勝家と戦乱の世の中
:::

1　単元構成

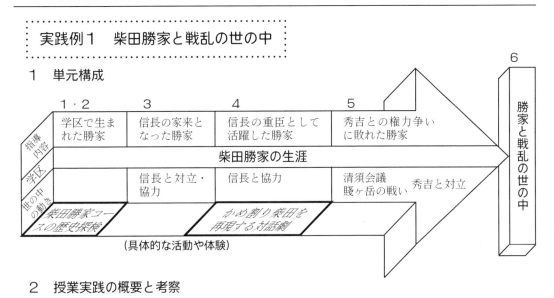

2　授業実践の概要と考察

第1・2時	わたし達の学区に，柴田勝家という信長の家来がいたんだ。

　「柴田勝家コース」を歴史探検させることにした。まず，M小の西に現存する柴田姓の墓地へ足を進めた。墓地の入り口から，全体をながめさせたところ，多くの児童が柴田姓の墓地であることに気付いた。

　さらに，M小から北へ100ｍ，神蔵寺へ到着。本堂の横に現存する「一色城主・柴田勝重の墓碑」に注目させ，本堂の奥の柴田姓の墓地をながめさせた。児童は，「ここにお城があったの？」「柴田勝重って，どんな人？」「ここにも柴田姓の墓が多いのはなぜ？」と様々な疑問を出し始めた。

　そこで，本堂に入り，住職様のお話を聞き取らせた。一色城主・柴田勝重の孫が織田信長の重臣柴田勝家であるといわれていること，一色城や神蔵寺の由来，昔の名東学区の様子などを聞き取った。

　勝重と勝家の関係に興味をもった児童F男は，「勝家って，どんな人？ 信長の家来だって，住職様言ってたけど……」と勝家に関する疑問を投げかけた。

　そこで，勝家コースの最終である「明徳寺」＝勝家出生地，下社城址に足を進めた。勝家出生の由来，信長の家来であったことを木札より読み取った児童は，「勝家について詳しく

調べてみたい。」「身近にこんな史跡があって，なんとなくうれしくてぞくぞくする。」とこれからの学習に期待を寄せた。

第3時	主君・信行を裏切り，敵であった信長の家来となった勝家はどうなっていくの。

　勝家が生きていた頃の名東区の城を調べさせた後，肖像画を提示した。肖像画を見て，右のように，児童はまさに戦国の武将という感じをもったようである。

> C　鎧を付け，とってもこわそうな感じ。
> C　強そう。
> C　刀を差して，目つきがするどい。

　そこで，文章資料〔信行を裏切り，敵である信長の家臣となった勝家〕を読み取らせた。そして，「主君・信行を裏切り，信長の家臣となった勝家をどう思うか。」考えさせた。

よくない派，別にかまわない派にわかれての立場討論会の場面（資料１２）

よくない派（○）………１０人
かまわない派（●）……２２人
C　裏切ることはよくない。（○）
C　信行についていては，いつか勝家も殺されてしまう。（●）
C　御恩と奉公で最後まで運命を共にすべきだ。（○）
C　当時の世の中は戦いの世で，強い方につこうと思うのは当然だ。（●）

　立場討論後，「勝家は悪いやつ」と考えていた「よくない派」の２名の児童が「当時の世の中から考えると仕方のないことかな。勝家も生きるために裏切ったんだ。」と最初の考えを変えた。しかし，残り８名の児童は考えを変えなかった。

　そこで，「勝家って，信長の家来となってどうなったんだろう。」と問いかけ，信長の家来となった勝家の行動について調べていくことになった。

第4時	「かめ割り柴田」とはどんな意味なの。信長の家来となった勝家，大活躍だね。

　勝家の人物年表から，勝家が制圧した国々を地図に色塗りさせた。美濃，近江，加賀，能登…。「勝家は，信長の家来になってから大活躍だね。」「活動的。」「信長を十分，助けている。」など，その強さに驚く児童がほとんどだった。

そして，1570年の近江・長光寺城を守っていたときの戦いに注目させた。そこで出てくる「かめ割り柴田」のエピソードがどんなものであったか勝家と兵士の会話文から考えさせた。そして，Ｉ男が考えた会話文を対話劇で再現させた。

感情を込めて対話劇をさせたり，Ｉ男の考えた会話文を修正，追加したりしながら，多くの児童に交代で劇化させた。楽しい歴史対話によって，「かめ割り柴田」の意味をとらえていった。劇化後，勝家についてどう思うか，尋ねてみた。第3時で勝家はずいと考えていた児童も勝家の戦いにおける知恵に目を向け，勝家の人物像を見直し始めた。

・頭がよい・・・・・・・・・・・・・・・・・・13名
・大した人物・・・・・・・・・・・・・・・・10名
・兵士に信頼されている・・・・・・・・5名
・意志が強い・・・・・・・・・・・・・・・・・・3名

第5時	信長の家来として大活躍の勝家も，秀吉の知恵に敗れてしまった。まさに食うか食われるかの世の中なんだ。

物語資料〔人物日本の歴史～秀吉と天下統一～〕から，信長の死後，勝家と秀吉の清須会議での対立を読み取らせた。勝家の秀吉に対する心情を考えさせた後，ＶＴＲ〔文珍の歴史なんなんだ！～賤ヶ岳の合戦～〕で秀吉の「美濃の大返し」という知恵によって，勝家が敗れたことをとらえさせた。

そこで，勝家が生きた世の中はどんな世の中といえるか，ひと言感想を述べさせた。

結果を集計してみると，以下の通りになった。これは，勝家の生涯を信長の家臣となって躍進していく様子と秀吉との対立から没落していく様子の明暗両面から児童に見つめさせたことによると考える。

戦いにつぐ戦い・・・・・・・・・・・・・13名
食うか食われるか・・・・・・・・・・・・8名
みんなが天下をめざした・・・・・・・3名
下剋上・・・・・・・・・・・・・・・・・・・・・・3名

第6時	勝家が生きた戦乱の世は，ゆだんすれば殺される，頭がよくても勢力がなければ生きていけない，そんな世の中なんだなあ。

「勝家と戦乱の世の中」というテーマで作文を書かせた。児童の多くが勝家の生きざまとかかわらせて，上のように戦国乱世の様子をまとめることができた。また，学区とのかかわ

りから，勝家に対して次のようにまとめる児童もみられた。

> N子　　戦乱の世を生きぬき，信長の重臣になった勝家が，この名東学区で生まれたことがすばらしいと思った。

　授業後，「勝家を信長や秀吉とからみ合わせて勉強できたので，楽しかった。」と言ってくれたS男の笑顔が強く印象に残った。それに対し，勝家の立場に立って勉強してきたため秀吉の知恵をずるいと考える児童もみられた。

3　実践の成果と問題点
　勝家を教材化した点について
○勝家の生きざまを時代の中心人物との対立，協調という視点から教材化したことにより，戦乱の世と天下が統一されていく過程をイメージ豊かにとらえさせることができた。
●秀吉の知恵を否定的にとらえる児童が若干出てきた。今後は，秀吉とのかかわらせ方をさらに工夫していきたい。

　具体的な活動や体験を工夫した点について
○「勝家コース」の歴史探検活動は，勝家に興味・関心をもたせる上で効果があった。
○「かめ割り柴田」の逸話を再現する対話劇は，死中に活を求めた勝家の知恵・工夫に目を向けさせる上で効果があった。

> **「かめ割り柴田」のエピソードとは**　　　　　　　　　　　子どもたちに考えさせたところ
>
> 　1570年，信長が越前を攻めたとき，近江の長光寺城を守っていました。包囲の敵に水源を絶たれ水不足に苦しんでいた時，もうこれ以上，城にこもっていては，みんな死んでしまうと思った勝家は，城の大切な水を三つのかめに入れて兵士の前にならべました。
>
> 　「城の水はわずかにこれだけになった。（水がなくなって死ぬのもうたがいなしだ。まだ力尽きないうちに城外にでて，必死に戦え。）」と勝家が言いました。
>
> 　しかし，兵士はいっこうに戦おうとしない。（ちんもくが続く。）そこで，勝家は，兵士を奮い起こすために，水の入ったかめを三つとも割ってしまい，士気を奮い立たせました。「（思い切って戦い抜くのみじゃ）」勝家が叫びました。
>
> 　兵士たちは顔色を変え，「（オー……）」と叫びました。
>
> 　城を出て戦った勝家の軍は，みごとに敵をうちやぶりました。このときから「かめ割り柴田」とよばれるようになりました。
>
> 　1575年から信長に越前を与えられ，加賀・能登の攻略の際，大活躍しましたが，1583年，賤ケ岳の戦いに敗れ，秀吉によって北ノ庄城にて滅ぼされました。

実践例2　徳川家康と名古屋城―石垣づくり―

1　単元構成

	1	2	3	4	
指導内容	家康と名古屋城の石垣	石集めや石運びの様子	体験！　石引そしてその費用	家康と豊臣方の西国大名	家康と名古屋城石垣づくり
学区	学区の石も使われた名古屋城石垣				
世の中の動き				江戸幕府成立 豊臣家と対立	

清正石と自分の体の大きさ比べ　　石引の模擬体験

（具体的な活動や体験）

2　授業実践の概要と考察

第1時	ぼくの体の3倍半もある！　こんな大きな石をどこから家康は運んできたの。

名古屋城の大きさをM小と比較しながらつかませた後，家康の命により，名古屋城ができたことを知らせた。次に，清正石（平面模型）を提示し，「これはいったい何だろう。」と問いかけた。「でかい石だ。」「これくらい大きな石，名古屋城で見たことあるよ。」「両手を広げて3倍半もある。」と清正石の大きさに驚いたり，清正石を見た経験を語るつぶやきが多くだされたりした。そこで，この大きな石が名古屋城の石垣の一部であることを知らせたところ，「こんな大きな石をどこから家康は運ん

だの。」など清正石の調達に関わる疑問が聞かれるようになった。さらに，〔名古屋城の石垣の石の数〕を算出させ，その数が23万個にも達することをとらえさせていった。

家康の名古屋城石垣づくりについての疑問（複数回答可）
- ○　どこから石を運んできたか。（場所）…………………21名
- ○　どうやって石を運び，積み上げたか。（方法）………27名
- ○　何人，石垣づくりを手伝ったか。（人手）……………　9名
- ○　石垣づくりに何日かかったか。（日数）………………　6名
- ○　石垣づくりにどれくらいのお金がかかったか。（費用）……　5名
- ○　なぜ，名古屋城をつくったのか。（理由）……………　3名

そして，家康の石垣づくりについての疑問を発表させ，次のような学習問題をつかませた。

> 家康は名古屋城のこんな大きな石を，また，こんなたくさんの石をどこから，どのように運ばせたのだろう。

第2時	名東区から石が運ばれている。小牧の岩崎山からも。そして遠くは瀬戸内海……

〔石材産地図〕〔岩崎山絵図〕を基に，石材産地調べをさせた。

学区から石が運ばれたことに驚く児童。そして，「そんな遠くから，どうやって石を運んだの。」と石の運び方に疑問を持つ

石材産地を読み取らせる場面
C　名東区，わたしたちの住んでいるところからも石が運ばれている。
C　名古屋周辺の山々からも運ばれている。
C　篠島や竹島などからも。瀬戸内海からも。

児童。多くの児童は，石を運ぶ方法として，「しゅら」「船」などを挙げた。

そこで，資料を基に石集めの様子を調べさせた。児童からは，「清正石みたいな大きな石はすごく大変だろうね。」というつぶやきが出てきた。その後，清正石のような巨大な重い石の運び方について，ＶＴＲ〔文珍の歴史なんなんだ！～加藤清正の石引～〕で確かめさせた。視聴後，学区から清正石を運ぶとしたら，どれくらいの日数がかかるかを計算させた。2日と12時間もかかることを知った児童は，学区から石を運ぶこともかなり大変だったことに気付いていった。

さらに，その苦労を実感的にとらえさせるため，石引の模擬体験をさせることにした。

第3時	12人でやっと，約300kgの石材が少しずつ動いた！　清正石なんか6tもあるんだから，もっともっと大変……

ざら板に3方向からロープをつなぎ，1個15kgのコンクリート石材19個（合計285kg，ざら板含め約300kg）を引っ張らせた。

最初，「3人で大丈夫！」と言っていた児童も無理なことに気付き，6人，12人とその数を増やしていった。12人で

石材はやっと動き始めた。

石引の模擬体験後の感想

C　15kgの石材でも結構重いよ。

C　285kgでもこんな重く感じるのに，6ｔもある清正石なんて，とても大変…。どんな工夫をして運んだんだろう。

C　学区から石を運ぶのに，2日と12時間もかかるのは当然だね。

C　手の皮がめくれちゃった。昔は，坂道やじゃり道がいっぱいある道路でどうやって運んだのだろう。

　ころや昆布を使用していないざら板のしゅらでまだまだ改良の余地が多いが，児童に当時の石引の苦労，苛酷さをとらえさせることができたと考える。

　この後，石材にかかる費用を算出させ，石垣づくりを担当した大名を知らせた。児童から「家康はこんな大変でお金のかかる名古屋城の石垣をどうしてつくったの。」という疑問が出された。

第4時　　家康は豊臣方の西国大名の力を弱めるため，石垣づくりをさせたんだ。

　年表や大名配置図で，豊臣方と名古屋城のかかわりを調べさせた。児童は石垣工事を担当した大名がすべて豊臣方の外様大名であることに気付いていった。

　そこで，「家康はどうして，豊臣方の西国大名20人に徳川の大切な城の石垣づくりをさせたのか。」と家康の意図について考えさせた。

　32名中20名の児童が「西国大名の弱体化」「自分の権力を全国に示す」「忠誠心をためす」など，大名を統制するための知恵・工夫を考え出した。

　さらに，一人一人の考えを深めさせるために，課題についてグループで話し合わせ，作文にまとめさせた。

　その結果，ほとんどの児童が家康の知恵・工夫に気付き，幕府の基礎が固められていく過程をとらえていくことができた。

3　実践の成果と問題点

<u>家康の名古屋城石垣づくりを教材化した点について</u>

○　幕府の基礎を築いた家康の大名を統制するための知恵・工夫に気付かせることができた。

●　家康の意図や考えを確かめる資料が不足していたため，家康の知恵・工夫に気付かせるだけにとどまってしまった。今後さらに資料を発掘していくことが必要である。

<u>具体的な活動や体験を工夫した点について</u>

○　清正石の大きさを自分の体と比べて観察・調査する活動は，家康の行動について追究意欲を引き出すことができた。

○　石引の模擬体験は，当時の石運びの大変さを実感させることができた。また，家康の大名を統制するための知恵・工夫に気付かせる際，有効に働いた。

実践例３　幕府の農民統制と一色村

1　単元構成

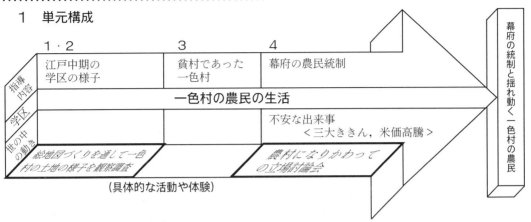

（具体的な活動や体験）

2　授業実践の概要と考察

第１・２時	わたしたちの学区・一色村は，田畑・ため池・山が多かったんだ。農民たちは，水不足で苦労したんだね。

〔尾張町村絵図～一色村～〕をじっくり観察させた後，絵地図を作成させた。作成しながら次のようなつぶやきが多く聞かれた。

C　田畑が多い。
C　山ばかりだ。
C　今と同じように神蔵寺・貴船神社・
　　山の神・墓がある。
C　ため池が多い。

　児童は，田畑やため池が多いことから，農民主体の村であったことに気付いていった。
　そして，平地が少なく，ため池が多いことを根拠に「一色村の農民が水不足で苦労していたんじゃないか。」という疑問を投げかけた。

第３時	わたし達の学区・一色村は，田畑・ため池・山が多かったんだ。農民たちは，水不足で苦労したんだね。

　一色村でいったい，どれくらいの米がとれたのか，調べさせることにした。隣の高針村や川沿いの戸田村，そして一色村の三村の米のとれ高を「一人当たりが１年間に食べられる米

の量」で比べさせた。一色村だけが米一石（1年間に一人が食べる米の平均量）に満たない
ことを算出した児童は，一色村の農民の生活が楽でなかったことに気付いていった。

　そして，村の状態がよくなかったことを〔徇行記〕の記録より確かめさせた。

| 第4時 | 神蔵寺に農民の生活をとりしまるおふれ書きが……。不安な世の中で一色村の農民はどんなことを考えたのだろう。 |

　〔神蔵寺に残されているおふれ書き〕を読み取らせた。児童は「神蔵寺にこんなものが残っ
ているの。」と驚き，数ヵ条の内容を興味深く，読み取っていった。次に，おふれ書きが一
色村に出された頃の世の中の出来事（三
大ききん，米価高騰）を年表で調べさせ
た。

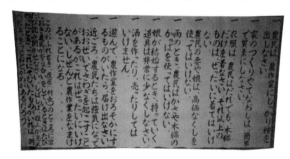

　さらに，幕府がこのおふれ書きを出し
た意図について考えさせた後，一色村の
農民になりかわって，その心情をさぐる
立場討論会を行わせた。

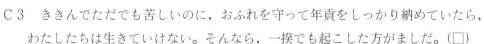

テーマ：おふれを聞かされた農民達は，どんなことを思ったのだろう。

おふれをしっかり守ろう派（●）………　2人
いやいやだけど，従おう派（○）………20人
守らず，何か行動を起こそう派（□）…20人

C1　わたしだったら，こんな厳しいおふれ書
　　きは守れない，どこかへかくれます。（□）

C2　いやいやでも従わなければ，幕府に罰せ
　　られる，どこかへ逃げたって，きっとつかまって殺されると思います。（○）

C3　ききんでただでも苦しいのに，おふれを守って年貢をしっかり納めていたら，
　　わたしたちは生きていけない。そんなら，一揆でも起こした方がましだ。（□）

C4　でも，やっぱり自分の命はおしい。島原の乱だって，がんばって抵抗したけど，
　　幕府に殺されたんだから……（○）

C5　農民を殺したら，幕府は年貢を取り立てることができなくなるから，皆殺しに
　　はしないと思う。（□）

C6　一揆を起こしても，家光や家康の時代より，かなり幕府の力は弱まっている。
　　（□）

討論会が進むにつれ，Ｃ３，Ｃ４，Ｃ６のように世の中の動きを踏まえて，一色村の農民の心情に迫っていこうとする発言が多く出されるようになった。次第に「守らず，一揆を起こす」派が優位に立っていった。討論会後，当時の農民像が様々であったことを補説し，「立ち上がる農民」の学習へつなげていった。

３　実践の成果と問題点

<u>一色村の農民の生活を教材化した点について</u>

○　幕府の農民支配のしくみを学区と結び付け，イメージ豊かにとらえさせることができた。

●　農民の願いや考えを確かめる資料がなく，農民の生活や心情を思い巡らすだけに終わってしまった。今後，さらに資料を発掘していくと共に，全国の農民の動きと対比させる単元構成を考えていきたい。

<u>具体的な活動や体験を工夫した点について</u>

○　絵地図づくりを通して，農民の生活に関心をもたせることができた。

○　農民の生き方をさぐる討論会は，当時の農民像や世の中の様子を生き生きと追究させる上で効果があった。

Ⅳ　おわりに

　昨年度，本校の校訓「地球の子をめざして」と題し，５年生の社会科で国際理解教育を推進してきた。本年度，『ここに歴史が』（市教育委員会発行）を熟読し，正しい国際理解には郷土の歴史学習の指導が，非常に大切な位置をしめることがわかった。本実践研究に取り組んでみようと思った大本のきっかけはここにある。また，来年度からスタートする生活科との接続・発展を考慮し，具体的な活動や体験を取り入れた学習活動を工夫してみた。清正の石引の模擬体験に生き生きと取り組む児童の姿を見て，６年生でも体全体を使って学んでいくことの重要性を実感した。

　「Ｍ学区にこんな歴史が」と歴史を身近にとらえ，生き生きと追究させることができた反面，多くの問題点も残された。例えば，全国史とのかかわらせ方，単元構成の見直し，資料の発掘など。今後も地域素材の発掘と教材化に力を入れ，実践を積み重ねていきたい。

★6年　地域素材を生かした歴史学習　基本的な学習の流れ

具体的な活動や体験を取り入れた学習活動の工夫（基本的な指導過程）

時代の特色をよく表している地域素材（学区とかかわりのある人物や文化遺産）を教材化	本年度重点	段階	具体的な活動や体験	ねらい，期待像
		導入	**観察（見学）・調査活動** ● 身近な地域の遺跡や遺物などを直接見たり，触れたりして，観察（見学）や調査をさせる。 ・歴史探検　・聞き取り調査 ・実物に触れる　　　　など ＊ 実物が見学不可の場合 ・遺物の模型を観察・調査	★ 先人の行動に興味・関心をもたせる。 ○ ～という人物（人々）はどんな人なの。どのように，なぜ……という行動をおこしたの。
		展開	**再現活動** ● 先人の行動場面を再現する活動（再現活動と名付ける）をさまざまな形で行わせる。 ・対話劇　・模擬体験活動 ・人物（人々）になりかわっての立場討論，模擬会議　など	★ 先人の行動を心情面から追究させその知恵・苦労・生き方などに目をむけさせる。 ○ ～という人物（人々）は，△△を成し遂げるため，……という知恵を出し，苦労をし◇◇という生き方を選んだんだ。
		まとめ・発展	**表現活動** ● 先人の働きを身近な地域と結びつけて，絵や図，動作，劇など，多様な方法で表現させる。 ・新聞づくり ・年表 ・ポスター ・かるたづくり ・シナリオづくり ・テーマ作文・手紙　など	★ 身近な先人の働きを通して，世の中の様子をイメージ豊かにとらえさせる。 ○ ～という人物（人々）は……という世の中を生きぬき，そして○○という知恵を出し新たな世の中を築こうと努力したんだ。そんな人物（人々）がわたしたちの身近に……。

世の中の様子を生き生きと追究することができる児童

自ら学ぶ意欲・主体的な学習態度の育成

◆地域の実態を生かし，
　児童が興味・関心をもって取り組む学習

Theme2
生き生きと学ぶ子どもが育つ
歴史学習をめざして
—学習を進める歴史トラベラーの活躍を支援して—

平成7年度6年実践　名古屋市立K小学校にて実践

＊本稿は，指導体験記録に「歴史トラベラーとは」「地域の素材を生かした年間計画」「子どもたち
　の様子やノートへの記述」等の資料を付け加えて再構成しました。
（平成8年に開催された指導体験記録発表会にて配付した資料）

> 　荒木集成館で生き生きと学ぶ子どもたちを見て地域の素材を教材化していこうと決意………。さらに子ども主体で学習を進めるためのアイデアとして歴史トラベラーという方法を思い付く！
> **実践例１「地域の歴史を学ぼう―黒石の古窯跡―」**（6時間完了）を実践する中で

　4月21日（金曜日）。戦後の名古屋の考古学の先駆者・荒木実さんが設立された「荒木集成館」を訪れたときのことである。

> 　わたしたちが住んでいる黒石でも多くの土器が出たのですか。

> 　黒石の近くに白土という地名が残っているでしょう。黒石周辺では大昔からいい土が出て，近くには扇川が流れ，窯跡が多く発見されているんだ。

　こんなやりとりが子どもたちと荒木さんとの間で続く………。

　展示物の説明を受けたり，荒木さんが収集した土器に触ったりしながら，こんなつぶやきが聞かれるようになる。

　「すぐ近くにこんな歴史が………」「教科書や資料集で見たことがここにもあった………」と。

　さらに，初めての「第４土曜日」に再び家族で荒木集成館を訪れ，展示物の歴史を年表にまとめてくるＡＫ子も出てきた。

> 　生き生きと学ぶ子どもたちを見て，身近な地域の素材を何とか教材化していけたら………。
> 　さらに，地域の歴史を出発点に教科書に載っている日本の歴史（全国史）を自分に引き寄せて生き生きと学んでいく，そんな子どもに育つ学習を創造していきたい。これは来るべき「生涯学習社会へのしこみ」にもつながるのではないかと考え，本年度の実践の構想づくりにとりかかっていた。

学区を中心に地域の素材を洗い出す。しかし，鎌倉時代までの古窯群跡が発見されていること以外は教材となりそうなものは発見できず，どうやって年間指導計画を立てたらよいか悩む日々が続いた。地域を学区に限定せず，名古屋としてとらえ，子どもたちが訪れたことのある史跡を洗い出してみた。

　しかし，どの素材も教師が与える資料で学習が進められる恐れがある。教科書にも，資料集にも調べるよりどころはほとんどなく，全員の子どもを素材にかかわる史跡や資料館に連れ出すことも不可能である。これでは，地域の素材とはいえ，教師主導の教える授業となってしまう。知識注入となりやすい歴史学習を子どもの体験を中心とした学習に転換していきたい。1年間の歴史の授業を子どもたちがつくっていけるようにしたい………。

こんな自問自答を繰り返しながら，再び悩む日々が続いた。
そんなことはよそに，荒木集成館を訪れた子どもたちの追究は続いていた。

　昔の黒石の人々はいつごろ，どの辺りで，どのように土器をつくっていたのか……。

黒石の古窯から発見された土器に触れながら，

　どうしてつるつるしているの。弥生の土器とはずいぶん違う。
　どうやって，これをつくったのかな。

　学区のどこで見つかったの。

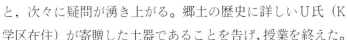

と，次々に疑問が湧き上がる。郷土の歴史に詳しいU氏（K学区在住）が寄贈した土器であることを告げ，授業を終えた。

　すると，授業後，ＯＳ子が中心となって4名の子どもたちがＵ氏宅を訪問し，この疑問を解決してきたのである。次の日，早速朝の会で報告。20周年の記念誌『黒石のあゆみ』を開きながら疑問に答えてくれたＵ氏の様子や，聞き取ってきたことをみんなに報告してくれた。「学区のどこに窯跡があったと思いますか。」とＯＳ子らの問い

掛けに、「神沢池の辺りじゃない。」「粘土山の辺りじゃない。」と教室に議論が起こる………。U氏からいただいた学区の古窯跡という資料を基に答える。「もう一度，土器のつくり方を説明して下さい。」と質問がとぶ。OS子らは必死で登り窯を説明しようとする。「どうして土器がつるつるしていたの。」などの質問が次々ととぶ。こんなやりとりが20分以上も続き，はっきりしない点が浮き彫りになってきた。

「U氏を学校に招こう。」という気運が高まり，5月2日に「黒石の昔を想像する会」を開き，疑問をぶつけた。黒石で窯跡が発見された場所，土器のつくり方などを聞き取った子どもたちは，生き生きと黒石の昔を絵に表現することができた。

わたしは目の前の子どもたちの活動ややりとりを見聞きしながら，「この学習スタイルだ！」とひらめいた。

そこで，OS子らが果たした役割を思い浮かべてみた。

　　まず地域の歴史について調査結果を報告している。OS子らが「学区のどこに窯跡があったと思う。」と問い掛けると，他の子がそれに巻き込まれ議論が起こる。

　　OS子らはU氏からいただいた資料を基に，必死に説明しようとする中で，OS子らは知らず知らずの内に学習のかじ取りも行っている。次々と子どもたちの間でわからない点が浮かび上がり，OS子らは必死に答えようとする。そんなことを繰り返す過程で，OS子ら自身もわからない点がはっきりし，他の子の中にも疑問が浮かび上がってくる。このようなOS子たちのように，地域の歴史について調査したことを謎解き風に教室に持ち込んで，みんなの関心に火をつける子どもたちを 歴史トラベラー と呼んでみたい。

　　また，この歴史トラベラーに劇化や紙芝居などで提案させても生き生きとした学習が創造できるのではないか………。

子どもたちに学びながら，わたしは本年度の実践の方向性をつかんでいった。

　　年間を通して，全員の子どもが一度は関心のある人物や歴史的事象のところで歴史トラベラーとなるように取り組んでみよう。また，トラベラーの探検箇所や休日の実地調査という点も考慮して年間指導計画を立てて実践を進めてみよう。

歴史トラベラー大募集！

歴史トラベラーとは

先生とともに，歴史の勉強のかじとりをします。（算数の勉強でいうとリトルティーチャーみたいなものかな？）

⊙　先生とともに，歴史探検隊を結成し，地域に残る遺跡や史跡や博物館などを休日等に調べまくります。調べたことを発表したり，クイズにしたり，みんなに考えてもらいたいことを提案したり……。

　先生とともに，歴史のクイズ番組をつくるつもりで参加してみませんか。

⊙　学習する内容については，探検できない場合もあります。そのときは，図書室や図書館を利用して，先生とともにあるテーマについて調べる学習をします。そして，発表，提案……。みんなで歴史の討論ゲームをするのもよいでしょう。みんなで考えて，学習計画を立てる中心メンバーとなりましょう。

年間計画

月日	テーマ	主な学習内容	メンバー
5月 授業後	大仏をつくった聖武天皇 ―修学旅行体験を生かして―	歴史で本格的討論ゲーム第1弾。「聖武天皇はよいリーダーか，悪いリーダーか」 　調べ学習の成果を生かして相手を説得するディベーター役をしてもらいます。 　　　　　　　　　　　　　　　　　学校図書室	MD　ES ES
6／4 （日）	織田信長と桶狭間の戦い／古戦場まつり／新聞参照	左のテーマにそった史跡めぐりをし，みんなに発表する準備をします。信長に興味のある人はぜひ！ 　　　　　　　　　　　　　　　　　学校図書室	KY　WK SA　UT
夏休み	土器づくり	黒石のねん土を使って，U氏と一緒に野焼きをします。 　　　　　　　　　　　　　　　　　○○幼稚園	希望者全員
夏休み	終戦50周年資料展	名古屋の空襲について調べます。 　　　　　　　　　　　　　　　　　市政資料館	ST　FM ES
夏休み	吉宗と宗春	NHKドラマの歴史を探ります。 　　　　　　　　　　　　　　　　　徳川美術館	NN　MK SS　AS
9月	移り変わる社会 ―安藤広重と有松絞り―	有松町並み保存地区（東海道）や絞り会館を訪れたり，浮世絵（東海道五十三次）を鑑賞したりします。 　　　　　　　　　　　　　　　　　有松地区	SA　NE KM　UM
10月	徳川家康と名古屋城	名古屋城の石垣がどのようにつくられたのかを調べます。 　　　　　　　　　　　　　　　　　名古屋城	AK　SM MY　MT
10月	移り変わる社会 ―江戸時代徳重の農民―	徳重の交差点・H家を探検し，江戸時代の農民の生活ぶりを調べます。 　　　　　　　　　　　　　　　　　H家	希望者全員
12月	戦争中の国民生活 ―名古屋空襲―	熱田空襲を記録する会のみなさんから戦争中の話を聞き取ります。 　　　　　　　　　　　　　　　　　熱田社教センター	YS　OS YS　KM

地域の素材を生かした年間指導計画例

月	小単元名	小単元設定の意図	郷土史に詳しい方	歴史トラベラー探検箇所	他の主な活動や体験
		学区及びその周辺の歴史に目を向け，その存在に気付く段階 ★　学区周辺に残り遺跡，遺物などに出会い，「身近な地域にもこんな歴史があったのか」と，関心をもつ。			
4 5	地域の歴史を学ぼう―黒石の古窯跡―	黒石周辺で発見された古窯の様子から，昔の黒石の人々のくらしをイメージ豊かにとらえることができるようにする。	・荒木実氏 ・U氏 ・見晴台考古資料館学芸員	●荒木集成館 ●粘土山（黒石の古窯のありか）	◉荒木集成館歴史探検 ◉火起こし ◉土器づくり ◉古代米栽培
		名古屋（緑区中心）の歴史を出発点にして全国史を探究していく段階 ★　「地域の史跡や文化遺産は，教科書に載っている歴史上の人物や事象と結びついているんだ」と，地域史と全国史とのかかわりに関心をもつ。			
6 7 8 9	**重点実践1** 織田信長と戦乱の世―桶狭間の戦いを出発点に―	桶狭間の戦いを出発点に信長の人物像，戦乱の世の中の様子をとらえることができるようにする。	・T寺住職 ・安土考古博物館Y学芸員	●桶狭間古戦場 ●古戦場史料館	◉立体模型で作戦づくり ◉「信長に迫る」と題したディベート ◉信長にかかわる史跡・博物館取材
9 10	幕府の基礎を固めた徳川家康と徳川家光―名古屋城築城を出発点に―	名古屋城づくりを出発点に，家康が外様大名の弱体化を謀り，幕府の基礎固めをしようとしたことをとらえることができるようにする。さらに，家康の意図が家光に受け継がれていることをとらえることができるようにする。	・Mさん	●名古屋城	◉清正石の大きさ調べ
10	移り変わる社会―東海道と有松絞りを出発点に―	絞りや東海道五十三次から，江戸時代の人々のくらしぶりをとらえることができるようにする。	・Sさん ・T家子孫	●有松町並み保存地区	◉浮世絵鑑賞
10	移り変わる社会―徳重農民と庄屋―	徳重に残る庄屋の家，ため池跡，古文書などから当時の農民のくらしぶりをとらえることができるようにする。	・H家子孫	●H家探検	◉尾張町村絵図を手掛かりにした探検
11 12	**重点実践2** 戦争と新しい日本の出発―名古屋空襲を出発点に―	燃える名古屋城の謎解きから，戦争に対する関心を高め，平和への願いをもつことができるようにする。	・U氏 ・熱田空襲を記録する会の人人	●終戦50周年資料展（市政資料館） ●戦争体験に関するリレートーク	◉全国へ電話手紙取材 ◉戦争体験者へ聞き取り

　その他，単元「聖武天皇と奈良の大仏」（修学旅行での大仏見学を生かして）と，発展学習「吉宗と宗春」（徳川美術館夏休み子ども企画展を見学して）で，歴史トラベラーを発動する。

Ⅱ　桶狭間トラベラーを軸とする学習によって，子ども主体の授業への糸口をつかむ。
　　そして，夏休みに多くの信長トラベラーが出てきたが……。

実践例2「織田信長と戦乱の世―桶狭間の戦いの謎に迫る―」（6時間完了）

1　実践の足跡（第2時までを中心に）

事前の支援　トラベラーと桶狭間古戦場へ！

　今回の歴史トラベラーは織田信長に興味をもっているＳＡ男，ＵＴ男，ＫＹ子，ＷＫ子の4人である。トラベラーとして調査した日は6月4日（日曜日）。合戦の再現劇が行われる古戦場祭りの日を選んだ。当日までに個々が信長と桶狭間の戦いについて簡単な下調べをした。

　ＳＡ男は，『ここに歴史が』を図書館で見付け，少ない軍勢で信長が義元に勝てたのは「義元が酒を飲んで油断していたことにある。信長がそのすきをついて奇襲をかけたため。」と，その原因に興味をもち始めている。

　ＵＴ男は，お父さんから抹香投げ事件を聞き，生まれたときからの信長の激しい性格そのものに関心を持ち始めている。

　ＫＹ子は，図鑑で「桶狭間の戦い図」を写し取り，この地図の地形を実際に自分の目で確かめてみたいと当日を楽しみにしている。

　ＷＫ子は，教科書を中心に信長の行動をまとめ，信長の人物像を「鉄砲を初めて戦いに使ったすごい人」と描いている。

　当日は各家庭の協力を得て，次のようなスケジュールで，桶狭間の探検に出掛けた。

1　ＫＹ子がまとめてきたもので桶狭間の戦いの概略を学習する。
2　信長が全軍を結集させた善照寺砦跡で信長の心情を考える。
3　沓掛城跡に入った義元の心情を考える。
4　信長が義元に勝てたわけを桶狭間史料館や古戦場史跡，さらに保存会による合戦再現劇等で調べ，考える。

　トラベラーがこだわったのはやはり「わずか3千の軍で信長はどうして2万5千の軍を率いる大大名，義元に勝てたか」であった。探検しながら，トラベラー同士の間で議論が起きる……。

　ＳＡ男は，史料館で「義元酒宴の図」や長福寺で「信長の酒献上作戦」の史料を見付け，「信長は義元を酔っ払わせて桶狭間に留めた。」と，酒を飲ませた作戦が功を奏したと主張。

　UT男は，信長の激しい性格と雨の中で戦う信長に魅力を感じ，気力と運（天気が味方したこと）で勝ったと主張。

　KY子は，再現劇を見て奇襲作戦という信長の知恵に感動。

　WK子は，運と信長の決断力と勇気等がミックスされて勝てたと主張。

　トラベラー同士の会話が弾んでいるのを聞きながら，わたしはこんなことを考えていた。

> 　信長が義元に勝てたわけについて，自分なりに意見をもったトラベラーに提案させてみてはどうだろうか………。例えば，SA男には酒を飲ませた説を，UT男には運がよかった説を，KY子には奇襲説を………。
>
> 　単なる調査結果の報告ではなく，仮説を提案すれば，トラベラー以外の子どもたちが歴史の謎解きという楽しさを味わうことができるのではないだろうか。トラベラー以外の子どもに立場の選択も迫ることができ，一人一人に学習を成立させることにもつながる。

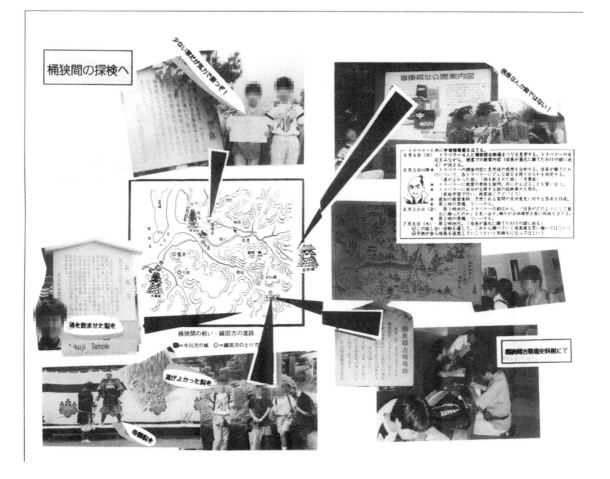

次の日の６月５日から，トラベラーとともに授業に向けて準備が始まった。トラベラーが自分の主張する説の証拠を集めたり，また予想される質問を想定して答弁を考えたり………。授業後や放課などを利用して，少しずつ本番に向けて準備を進めていった。

> 　学級会のように子ども主体で話し合いが進むだろうか。トラベラーがしっかり集めた資料を活用し，みんなの質問に対して臨機応変に答弁できるだろうか………。

こんな不安をもち続けながら，トラベラーを励ましていよいよ第１時。

第１時	信長の時代へタイムスリップ！

　UT男は信長を，SA男は義元を演じ，それぞれが清洲城，駿府城で自分の領土や天下取りへの思いを語った。

　KY子とWK子がナレーターを務め，特大の桶狭間立体模型を活用して，いつ，どこで，どのように戦おうとしていたのか解説する。さらに，トラベラーが戦い前夜の信長と義元の心境をフロアーの子らに予想させ，少ない軍勢で勝った信長の勝因を考えさせた。立体模型を観察しながら，「山の上から谷にいる義元に石を落とした。」「鉄砲や矢を使った。」「挟み撃ちした。」などのいろいろな意見が出されたところで授業を終えた。

第2時	3つの仮説を提案！

　いよいよ桶狭間トラベラーの学習してきた真価がもっとも問われる場面である。3つの説の提案から始まった授業………。どの説も用意した立体模型を活用したり，劇を取り入れたりしながら，しっかり提案できた。

3つの仮説提案の様子

　指名順も司会のWK子としっかり打ち合わせがしてある。自分がどの説が有力と考えるか，そのわけも含めて記入させる。自分が支持する説のところへ座席移動。いよいよ各説に質問や反対意見をぶつける場面になる。

　運がよかった説から一つずつ検討していった。「どこが運がよいかよくわかりません。」というMT男やHY子らの質問に，UT男は切り札として用意した「雨でなだれこむ信長軍」の資料を提示しながら答弁する。

　酒を飲ませた説では「ガードが固く，酒をそんなに簡単に渡せない。」「戦いの前に義元が酒を飲むわけがない。」など，普段ほとんど発言しないWA子らの反対意見に，SA男はこれまた切り札として用意していた「長福寺の木札」「義元酒宴の図」などで反論する。

　奇襲説でもKY子とみんなのやりとりが続く………。

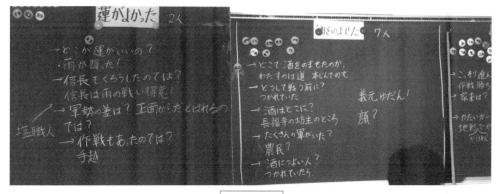

板書の実際

次々と子どもたちの質問や反対意見がとぶ中，どの資料でどんな答弁をするのか，トラベラー同士で助け合う場面もみられた。

最終的に「どの説もミックスされて信長が勝てた。」という融合説がＭＴ男らから出てきたことから話し合いが盛り上がり，これから調べていく信長の人物像を様々に思い描くことができた。

> どの説でも攻めているので，
> 守るより攻めるのが好きな人では……。

> とても頭がよく，戦いもうまく，
> 相手の裏をかく人では………。

2 ここまでの実践から得た手ごたえ

歴史トラベラーを軸にすることでこんなよさがあるのではないか……。

★ 地域の素材を教材化していく点でメリットがあった！

今までの自分の歴史の授業は，地域の素材を教材化しても教師が資料を与えすぎ，学習自体が子どもにとって身近にならないことが多かった。だが，歴史トラベラーが地域の素材と教室をつなぐかけ橋となることで，歴史を身近に引き寄せられる教材づくりに一歩近づくことができた。

★ 子どもが主体となって生き生きと学ぶ学習ができた！

従来の教師対子どものキャッチボール的な学習を大きく転換できた。この学習スタイルは，教師の指導意図が前面に表れないため，子どもの問いが生まれやすい。教師は一歩下がって，子ども同士の学び合いを見守り，支援者としての役割を果たす。そこに，子ども主体の歴史学習が生まれる。

> 社会の時間で信長がどのような人なのかが少しわかってきた。
> 守るよりもせめがすきだということがよくわかった。なぜなら義元の大軍あいてに、どの説であってもせめているからだ。だから、よっぽどたくさんのさくせんをしている人だと思った。
> このいきおいで、いろんな所にせめ入るのか、と思う。
> また、このような授業をやってみたい。
> （トラベラーの人を中心にして。）

> 三人の人たちは、とてもよくしらべてあり、すごいなーと思った。なぜ私は「こっそり」にしたかというと、運がいいや酒をのませたうはばれやすいからだと思ったから。
> でも三人の人は、酒をのませたしょうこの写真もあるし、運がよくあめがふった絵がある。
> だから私は、ごっちゃになってきた。
> 私も、三つのことは、ぜんぶだと思った。
> このじゅぎょうは、とてもたのしかった。
> たのしくて、べんきょうにもなった。
> またこんなじゅぎょうをやりたいなーと思った。

> こういう授業のやり方は、ふつうの授業より楽しいし、発げんしやすいし、ねむたくならないから好きだ。

> 先生がいろいろと説明するより、分かりやすかった
> （じぶ本当のが分からない!)
> それに加えて、おもしろくできたと思う。

3　第3時以降の失敗を次の実践に生かす

　夏休みに多くの信長トラベラーが出てくるが，調査結果をうまく生かせず，出たとこ勝負の授業になってしまった。大失敗………。

　第2時までの学習が，トラベラー以外の子どもの心を揺さぶり，個々が信長の人物像を追究する主体となってもらいたい。

　第3時は桶狭間トラベラーが人物年表を提示し，それを参考にして個々が「信長と安土城」「本能寺の変」などの追究テーマを決めた。夏休みを利用して調べ学習の資料を収集させることにし，信長に関する史跡や文献を紹介した。学級の半分の子どもたちが，桶狭間古戦場や遠くは家族を巻き込んで安土城考古博物館，岐阜城，長篠城跡などに出かけ，いろいろなことを調べてきた。

　このとき，わたしはこのトラベラー化現象に驚くとともに，<u>単元学習の中でどんどんトラベラーがチェンジし，全員がトラベラーになっていくことも可能ではないかと考える</u>ようになっていった。

　しかし，夏休みがあけ，その成果をどのように授業で活用し，どう授業で集約していくかという見通しが立てられず，結局第5時まで新聞などにまとめたものを羅列的に報告して印刷，掲示するだけにとどまってしまった。せっかくの自主的な信長トラベラーの体験を全体に効果的に広げることが不十分に終わってしまった。そこで，2学期の重点実践単元「戦争と新しい日本の出発」では，次の2つをチャレンジ目標にした実践をめざす。

(1)　単元学習の中で，全員がトラベラーとなることができるように支援する。
(2)　トラベラーとして調査したことを効果的に報告し合える授業構成を考える。さらに調べた結果を「戦争資料展」としてまとめ，学習をみんなでつくりあげていけるように支援する。

全員がトラベラーとして報告したり，提案したり……。そして，みんなでつくり
あげた戦争資料展……。戦後50年，平和への願いが……。
実践例3「戦後50年　戦争と新しい日本の出発—燃え上がる名古屋城を出発点に—**」（6時間完了）**

1　チャレンジ目標の具体化

(1) について…全員トラベラーにチャレンジ！

　実態調査で36名中30名は自分の祖父母が戦争を体験していた。しかもその体験箇所は
延べ人数で①名古屋18人，②日本各地17人，③中国を中心としたアジア8人と様々であっ
た。30名はトラベラーとして直接聞き取ったり，電話，手紙，FAXなどで取材したりす
ることが可能である。体験した祖父母のいない6名は出発点となるトラベラーに据える。市
政資料館「終戦50周年資料展」，市博物館企画展，熱田空襲を記録する会の企画「空襲下
の青春リレートーク」に出掛け，その結果を色々な形で提案，報告。みんなの関心を引き出
したり，他のトラベラーが聞き取ったことを資料で補ったりする役割を果たす。

(2) について…効果的に報告し合えるように！

　トラベラーとして調べた成果を一覧表にまとめる。その成果の中で，(1) 子どもたちの
疑問や調べてみたいことに迫れるもの (2) 今では考えられないような体験談が聞き取れた
もの (3) 平和への願いにつながるものなどを各時間の導入の中心提案トラベラーに据える。
その提案に対して，他のみんなが調査したことを基に感想や意見を述べることができるよう
に授業を構成する。

　「戦争資料展」については，①名古屋の戦災焼失区域図②日本地図③アジアの地図の3つ
の拡大図を掲示し，みんなが聞き取った戦争体験者の体験がどこでの体験かわかるようにマ
グネットを置いていく。

　さらに，その地図に各体験者の印象に残った言葉を貼っていく。このことにより，当時の
戦争体験者の思いや願い，時代像などが浮かび上がってくる。

2　実践の足跡（第3時以降を中心に）

事前の支援から第3時を迎えるまでの経過

◎　出発点となるトラベラーと市政資料館の「終戦50周年資料展」や市博物館の夏休み企
　画展に出掛けて，学習計画を立てた。（事前）

◎　家康の学習で取り上げた「名古屋城」炎上の写真の謎解き（いつ，なぜ燃えたかなど）
　を出発点となるトラベラーが提案！　名古屋空襲の概要が明らかになり，戦争への関心を
　引き出した。（第1時）

◎　全員トラベラーとして，一人一人が戦争について調べる計画を立てた。（第2時）

◎　トラベラー週間（11/22 ～ 12/3の祝日,休日の多い期間）を設け,聞き取り調査をした。

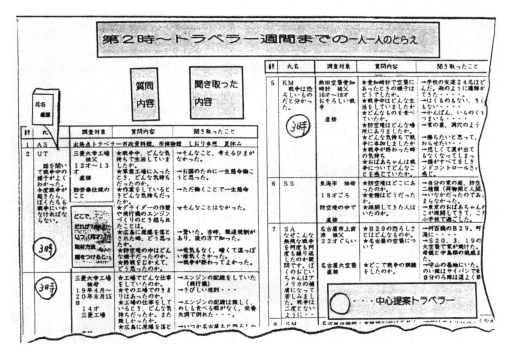

| 第3時 | 名古屋での体験談リレーレポート！ |

　本時は子どもたちの率直な疑問「戦争に対する思いや願い」「名古屋空襲の被害」「生活」などに迫る場面である。

　中心提案トラベラーとして,ＫＭ男（祖父が16歳のとき愛知時計で学徒動員）とＵＴ男（三菱で学徒動員）を選んだ。選んだ理由は，どちらも攻撃目標となった軍需工場で悲惨な空襲体験をもっていること，自分たちと年の近い学生がどんなことを行い，どんな気持ちで働いていたかなどが聞き取れたからである。ＫＭ男は，一緒に働いていた仲の良い友達24名を熱田空襲で亡くしたこと，雨のような爆弾が降ってきたことなどの祖父の体験談を録音テープに吹き込んできて報告した。

　ＵＴ男は直接，北区清水口に住んでいる祖父母を訪ねた。工場で栄養失調になって倒れたこと，エンジンの配線が難しく，学生がつくった飛行機で日本軍は戦うのかと疑問に思ったことなどを聞き取ってきて報告した。

　この報告を聞き,高知で学徒動員された祖父の体験談を持ち出してＫＹ子が意見を述べる。「自分たちと同じ年のとき，戦争のために働かされたなんて………。勉強できることは本当に幸せなんだ。」と。

　また，ＫＭ男やＵＴ男が報告した当時の人々の思いや願い（お国のために，勝ちたい………）が，どのトラベラーとの調査とも一致していることが意見を述べ合う中で明らかに

なっていった。

その他，熱田空襲を記録する会のリレートークに参加した<u>出発点となるトラベラー</u>が，焼夷弾の実物の写真，記録する会代表ＫＭ氏が描いた熱田空襲で被害を受けたときの絵を実物投影機を活用してみんなに紹介し，中心提案トラベラーの報告を資料で補った。

第4時	全国の被害や体験談をリレーレポート！

本時は子どもたちの疑問「名古屋以外の被害」「人々の願い」などに迫る場面である。

中心提案トラベラーとして，<u>ＥＳ男</u>（長崎で原爆の被害の様子を実際に見る）と<u>ＹＨ子</u>（祖父の知り合いの特攻隊体験）を選んだ。選んだ理由は，二つの事象とも戦争で人間の尊い命について考えるのによいと思われたからである。特に，<u>ＥＳ男</u>は肉親を捜す人々と死体であふれていた長崎の様子をレポートし，みんなの心を引き付けた。また，広島の原爆資料館で買ってきたという写真集をもってきて，被爆した人々の様子をみんなに見せ，戦争の悲惨さを訴えた。あまりの残酷さに目を背けている子どもたちも多くみられた。

また，<u>出発点となるトラベラー</u>がリレートークでもっとも印象深かった人・ＳＡさんの体験（豊川の海軍工廠で 3,256 発の爆弾を受けた）をＶＴＲで報告し，本時を補強した。学生のとき，友達の死体を片付けにいったことや，「お母さん，お母さん………」と言って死んでいった友達のことを泣きながら語るＳＡさんの話に真剣に聞き入る子どもたち………。「わたしの祖父も少年警察で死体を片付ける仕事をしていた。」と語るＵＭ子，「ぼくの祖父も町内会で同じような仕事をやっていた。」と語るＭＴ男。「わたしだったら，クラスメートの死体を片付けるなんてできない。」と真剣に語るＫＭ子たち。今では考えられないような体験に心を揺れ動かされる子どもたち。

今までの資料展掲示から子どもたちがはっきりさせたこととして，

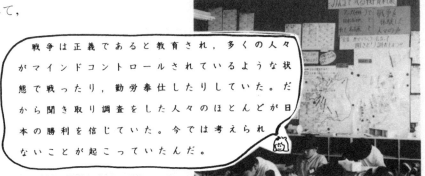

戦争は正義であると教育され，多くの人々がマインドコントロールされているような状態で戦ったり，勤労奉仕したりしていた。だから聞き取り調査をした人々のほとんどが日本の勝利を信じていた。今では考えられないことが起こっていたんだ。

第5時	中国で戦った体験談リレーレポート！

　本時は子どもたちの疑問「戦争の原因や経過」などに迫る場面である。

　中心提案トラベラーとして，NN男とIM子（祖父が中国で歩兵として戦ってきた）である。選んだ理由は，加害者としての日本というものを考えさせたかったからである。

> 中国の人たちが山に逃げてきて，それを囲んで銃で撃ちまくった。
> お国のために………。上の人の命令で………。

　二人の報告を聞いて，祖父らが戦地の中国で仕方なく被害を与えてきたことを子どもたちはつかみ，戦争の原因と経過を明らかにしていった。子どもたちは次々に意見を述べ合った。

> だれだって，生きるか死ぬかという状況のもとでは殺すことも仕方がない。

> 被害を与えたことは素直に謝っておくべきよ………。

第6時	戦後50年，平和への願いが……。

> フランスは核をつくり，どっかの国に脅しをかけている。戦争を繰り返すつもりか。

> 戦争は人の心が起こすもの。人の立場を思いやって考えれば戦争も起きないし，今のいじめも起こらないと思う。

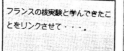

全員がトラベラーとなってつくりあげていった授業の成果をノートにまとめて発表した。

子どもたちの平和への願いが客観的な事実に基づいて高まってきているのを実感できた。

IV　生涯学習社会を見据えて　一人一人が自立したトラベラーに……。

先生，冬休みに長野の防空壕の写真を撮ってきて3学期に報告するよ。

お正月，祖父に「戦争は何のためだったのか」をしっかり聞いてくるよ。

トラベラーとして追究が今も続いている。

　出発点となる歴史トラベラーが調査結果を教室に持ち込み，仮設や謎解きなどを打ち出す形でみんなを学習に巻き込んでいく………。そこに一人一人の問いが生まれ，全員がトラベラー化していく………。トラベラーとして調べたことがみんなの共有の財産となり，さらに追究の視点が明らかになっていく。子どもたちは再びトラベラーとなり，歴史を学んでいく主体となっていく。こうした学習の連続が生き生きと学んでいく子どもを育てることがはっきりしてきた。

　生涯学習社会，学校週5日制を見据えて，子どもたちが自立したトラベラーとして学習を成立させていくことは時代の要請でもある。今後はどの学年でも，こうしたトラベラーを活用した学習のスタイルが一般化できるか改善を加えながら，挑戦していきたい。

子どもにとって
一生良い思い出に残る授業を求めた結果――卒業文集にみられる，別の実践から

「やれてよかった」トラベラー

私が，6年間で1番の思い出は，トラベラーです。

先生が，「や，てみる気のある人はいないか」と，みんなに聞いた。

私は，（や，てみようかな）と思いながら，手を上げ，私は，トラベラーになった。

私は，社会が苦手だ，たので，これを機会に，社会を好きになるような気がした。

授業が終わると，先生とほかのトラベラーの子といっしょに，勉強をした。

私は，名古屋城と，徳川家康について，トラベラーとして，がんばろうと決意した。

そのために，私は先生と，ほかのトラベラーの子たちといっしょに。名古屋城へ行った。

中は，とても広くて私は（すごいなぁ！）と思いながら，ほかのトラベラーの子と話をしていました。

私は，「昔の人はすごいね」とほかのトラベラーの子と話をしていました。

本番では，3つの説に分かれてやる。

私はその中の1つの「じまん説」をたんとうし，どんな質問が出るかを，家で勉強した。

そして，ついに本番の日になり，私は，ほかのトラベラーの子といっしょに，「予想した質問が，出るといいな」と，話していた。

本番では，みんなかたくさんの質問を出し，とてもきん張。うしたけどうまくいって。私は，歴史が大好きになってきた。

2 「学校教育目標実現に向けて社会科（低学年の場合：生活科）を核としたカリキュラム・マネジメントの推進」「グローバル化する国際社会に主体的に生きる子どもの育成」

『小学校学習指導要領（平成29年告示）解説総則編』第1章総説1改訂の経過及び基本方針(2)改訂の基本方針の中で④として「各学校におけるカリキュラム・マネジメントの推進」が記載されています。その中でカリキュラム・マネジメントの三つの側面が述べられています。

①　各教科等の教育内容を相互の関係で捉え，学校の教育目標を踏まえた教科横断的な視点で，その目標の達成に必要な教育の内容を組織的に配列していくこと。

②　教育内容の質の向上に向けて，子どもたちの姿や地域の現状等に関する調査や各種データ等に基づき，教育課程を編成し，実施し，評価して改善を図る一連のＰＤＣＡサイクルを確立すること。

③　教育内容と，教育活動に必要な人的・物的資源等を，地域等の外部の資源も含めて活用しながら効果的に組み合わせること。

とりわけ，第一の視点として，社会科（低学年では生活科）と各教科等における指導内容や教材との関連を相互に図りながら，教科等横断的な視点で指導計画を作成し，実践することが求められています。

一つ目の実践では特に社会科単元「公害とわたしたちの生活」と理科単元「植物のつくりとはたらき」のたねの発芽実験，単元「水溶液の性質」の酸性・中性・アルカリ性の水溶液実験，10円玉を酢で磨く実験等の関連を図りながら授業を展開していきました。酸性雨が与える影響について実感をもってとらえられるようにしました。

また，二つ目の生活科の実践では，牛乳パックを素材にして生活科，図工，国語等の関連単元を意識し，1年間，教科等横断的な視点で指導を進めました。(p.65参照)

実践を読んでいただけるとわかると思いますが，他教科等との関連性を図りながら，教科等横断的に指導することによって，社会科（生活科）の学習成果への理解を深めることにつながりました。

平成4年から生活科の完全実施，総合的な学習が平成14年度から完全実施となっていく時期にも教科等横断的な指導が言われてきましたが，今新学習指導要領でしっかりカリキュラム・マネジメントの推進が打ち出されたといえます。そういった意味で，この二つの実践を参考にしていただけると幸いです。

　参考に，実践当時は環境教育，国際理解教育等が喫緊の教育課題として教育界でも話題となっていた時期で特に環境教育の事例集を文科省が初めて作ったのも平成4年でした。

　次に，新学習指導要領では今回の改訂で，教科目標に「グローバル化」という文言が新たに付け加えられました。

　これを受けて，社会科の指導内容も4年の県内の特色ある地域の学習で国際交流に取り組んでいる地域を取り上げたり，6年の歴史学習で当時の世界との関わりに目を向けて，我が国の歴史をより広い視野からとらえさせたりするなど内容が変化してきています。

　まさに，グローバル化というキーワードを受けて，指導する内容を含めて新たな教材研究や指導方法の研究が求められています。

　そうした意味で，この二つの実践は，たまたま実践した小学校の校訓や目標が「地球の子」（日本だけでなく，世界の人々と仲良くしてほしい。そして，世界の平和を願い，地球のため自分でできることからやってみるという実行力を持ってほしい。）だったこともありますが，国際理解・環境問題に視点を当てた社会科学習（生活科学習）や教材研究・指導法研究の参考になるのではないかと考えています。

　二つのキーワード「カリキュラム・マネジメント」「グローバル化」を合わせると，学校教育目標「地球の子」（グローバル化する国際社会に主体的に生きる子ども）の育成に向けて社会科（生活科）を核としたカリキュラム・マネジメントの推進ということになります。

◆学校教育目標実現に向けて社会科を核とした
　カリキュラム・マネジメントの推進

◆グローバル化する国際社会に主体的に生きる
　子どもの育成の実現のヒントとなる実践

Theme1

みんな「地球の子」をめざして

—地球社会の一員であるという
　　　　　　自覚を育てる５年生の社会科指導を通して—

平成２年度５年実践　名古屋市立Ｍ小学校にて実践

I　はじめに

「強い子，やさしい子，地球の子」

　これは，平成2年3月，M小学校の正門につくられた校訓碑に刻まれた言葉である。

　最後の言葉である「地球の子」には「日本だけでなく，世界の人々と仲良くしてほしい。そして，世界の平和を願い，地球のため自分でできることからやってみるという実行力を持ってほしい」という願いが込められている。

　また，市の教育努力目標の四本柱の一つにも「国際社会に生きる日本人の育成」が掲げられ，国際理解教育の推進が大きく打ち出されている。

　21世紀の人間像をえがく地球の子を育てるため，5年生の社会科指導を通して，まず児童一人一人に「自分たちが地球社会の一員である」という自覚を持たせることが大切ではないかと考えた。そこで，自分たちの生活を見つめ直させ，地球に役立つことを行っていこうという気持ちを持たせていきたい。

　こうした考えに基づき，産業学習では，地球的視野から自分たちの生活を成り立たせている産業を見つめさせていく。そのために，自分たちの生活と海外とが大きくかかわっているものを教材としていくことにした。

II　実践に向けての基本的な考え

地球社会の一員であるという自覚を育てるため，次の様な段階を踏まえて実践していく。

> **共通性に気付く段階**
>
> 　地球には自分たちと同じ人間が住み，日々の生活をよりよくしようと努力しているんだ。

> **相互理解の必要性に気付く段階**
>
> 自分たちの生活が他国と密接なかかわりの中で成り立っているんだ。

> **問題解決の必要性をとらえ，自分なりの考えを持つ段階**
>
> 地球規模で考えていくべき問題の解決には，一人一人の協力が必要なんだ。

更に，地球の子を育てる年間計画を作成した。

※は，自分たちの生活と海外とのかかわりの深いもの

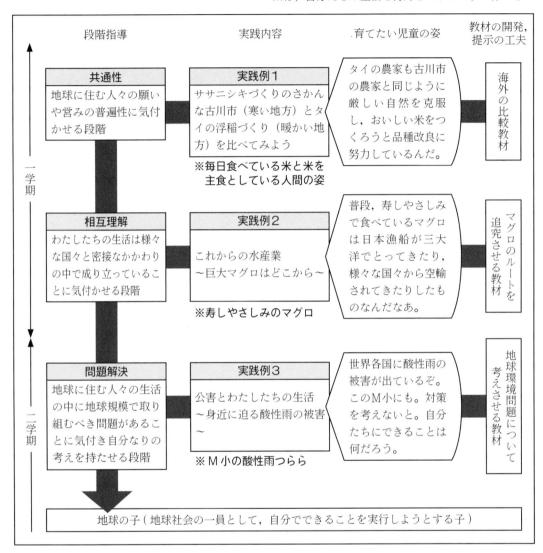

| | 段階指導 | 実践内容 | 育てたい児童の姿 | 教材の開発，提示の工夫 |

共通性
地球に住む人々の願いや営みの普遍性に気付かせる段階

実践例1
ササニシキづくりのさかんな古川市（寒い地方）とタイの浮稲づくり（暖かい地方）を比べてみよう

※毎日食べている米と米を主食としている人間の姿

タイの農家も古川市の農家と同じように厳しい自然を克服し，おいしい米をつくろうと品種改良に努力しているんだ。

海外の比較教材

相互理解
わたしたちの生活は様々な国々と密接なかかわりの中で成り立っていることに気付かせる段階

実践例2
これからの水産業
〜巨大マグロはどこから〜

※寿しやさしみのマグロ

普段，寿しやさしみで食べているマグロは日本漁船が三大洋でとってきたり，様々な国々から空輸されてきたりしたものなんだなあ。

マグロのルートを追究させる教材

問題解決
地球に住む人々の生活の中に地球規模で取り組むべき問題があることに気付き自分なりの考えを持たせる段階

実践例3
公害とわたしたちの生活
〜身近に迫る酸性雨の被害〜

※M小の酸性雨つらら

世界各国に酸性雨の被害が出ているぞ。このM小にも。対策を考えないと。自分たちにできることは何だろう。

地球環境問題について考えさせる教材

一学期

二学期

地球の子（地球社会の一員として，自分でできることを実行しようとする子）

Ⅲ　実践の経過

地球に住む人々の願いや営みの普遍性に気付かせる段階を重視した指導（61年度）
4年生単元「いろいろな土地のくらし」

「低地の人々（海津町）のくらし」ではオランダの人々の生活，「寒い地方の人々（弘前市）のくらし」ではエスキモーの人々の生活を単元の終末に比較教材として取り上げた。

その結果，オランダの人々も海津町の人々と同じように水に悩まされる地形条件を克服し，

気候や土地に合った生産活動をしていることに気付かせることができた。また，エスキモーの人々が弘前市より寒いという厳しい自然条件に耐えながら，狩りをしながら，たくましく，しかも限られた資源を有効に生かして生活していることに気付かせることができた。

　この実践を通して，人間共通の願いや営みに気付かせるには，比較教材を提示することが有効であることがわかった。

Ⅳ　授業実践

┄実践例1　タイの浮稲づくり―古川市と比べてみよう―┄

　ササニシキのふる里「古川市」の米づくりの苦労，努力，工夫をとらえさせた後，比較教材として「タイの浮稲づくり」を取り上げた。長さ5mもある浮稲の模型を提示し，学習に入った。「こんな長い稲あるの」「どこにあるの」という児童の疑問を出発点にタイの位置，タイの自然環境を調べさせた。そして，「タイの稲がどうしてこんなに長いのか」話し合わせた。この話し合いの後，VTR「浮稲づくり」を見せ，タイの農家も厳しい自然（洪水）を克服できる品種改良に努力，工夫していることに気付か

せていった。最後に古川市とタイの米づくりの共通点，相違点を話し合わせた。「ともに厳しい自然を克服し，おいしい米をつくろうと努力，工夫している」というように，住む場所は違うが，人間としての共通の願いや営みに気付いていった。こうした児童に次の実践では，日本と世界の密接なつながりをとらえさせていきたいと考えた。

実践例2　これからの水産業—巨大マグロはどこから—

1　単元のねらいと国際理解とのかかわり

本単元では，日本の水産業の変化の一例として，かつての花形であった遠洋漁業のマグロを取り上げる。ここでは，外国からの輸入品としての空輸マグロが日本及び名古屋の中央卸売市場に大量に運ばれていることに気付かせる。そして，そうなった原因を追究させることにより，マグロの流通経路が大きく変化し，わたしたちの食べているマグロが外国との密接なつながりの中で確保されていることに気付かせることができると考える。

2　実践の概要と考察

> でっかいマグロ！　台湾でとれたの！

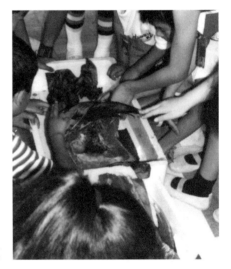

寿し屋を経営しているＴ子の父親からマグロを提供していただけることになった。

第1時，マグロが教室中央に並ぶと，児童は「でかい！」「くさい！」「巨大マグロだ！」などそれぞれの思いを叫んだ。児童はマグロに触れたり，自分の背の高さと比べたりした。そして，普段お寿しで食べている赤身がこの巨大なマグロであることに驚いた。「これで何人分ぐらいだろう」「どこでとれたの」「先生，どこから仕入れたの」「何キロあるの」「どのようにとるの」など様々な疑問が出された。

そこで，このマグロは名古屋の中央卸売市場から運んでもらったものであり，台湾沖でとれたものであることを知らせた。更に，355kg のマグロの値段が 170 万円であることを知らせた。

児童は，「台湾でとれたものがどうやってここまで来たの」「わたしたちの食べているマグロはどこでとれたものなの。台湾なの。他にもあるのかな」と疑問を出し合い，マグロのルートを調べることになった。

> 学習問題
>
> マグロは，どこでだれがどんなふうにしてとり，どうやってわたしたちの口に届くのだろう。

> 三大洋で日本の遠洋漁船の人々が苦労してとっているよ！　でも，最近生産量激減してるよ。

　第2時は，映画「マグロを追う」（名古屋市視聴覚センター蔵）を見せた。日本の遠洋漁船が太平洋，大西洋，インド洋でマグロをとってくること，マグロはえ縄漁の1日，漁船に乗る人々の厳しい労働などとらえさせることができた。

　第3時は，学習サブノートで「マグロを追う」を振り返らせた。その後，「遠洋漁業の生産量の変化グラフ」から1973年以降の生産量の変化を予想させた。

C　①でふえていくと思う。なぜなら，73年までずっとふえているから。
C　①でふえていくと思う。なぜなら，日本人は世界一魚をよく食べるから。
C　③で減っていくと思う。なぜなら，オイルショックや二百海里時代で，日本漁船はマグロをとる場所や量を制限されたから。
C　③だと思う。最近，自然保護が叫ばれ，魚をあまりとってはいけないから。

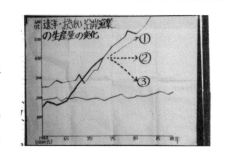

　こうした話し合いの後，遠洋漁業の減少とともに，マグロの漁獲高も近年，減ってきていることをTPで知らせた。そして，二百海里について資料集で調べさせた。そうしたところ，①と答えた児童から，「日本人は魚を世界一食べているのに，マグロはどうやってその分，まかなっているの」と疑問が出された。そこで，「次の時間，遠洋漁業以外のマグロのルートを探ってみよう」と投げ掛け，本時を終えた。

　マグロが空を飛ぶ時代になったんだね。日本はマグロを通じて様々な国々とつながっているんだ。

　第4時は，新聞記事「日本一"漁港"成田空港」を読ませた。"焼津港"を抜いて日本一。成田空港は今や最大の漁港という小見出しに注目させ，マグロが様々な国から日本に空輸されていることをとらえさせた。そして，VTR「マグロが空を飛ぶ（日本テレビ制作）」を見せて，新聞記事の内容を確かめさせた。

　更に，「日本向けマグロの主な輸出国」に赤で色ぬりさせ，一つずつ地球儀でその国の位置を確かめさせた。

児童は，「日本に近い台湾やインドネシアから運ばれてくるのか。」「給食でよく食べるタコスの国メキシコもあるよ。」などとつぶやきながら，日本と様々な国々とのつながりに気付いていった。最後に，「マグロの輸入量の変化」のグラフを見せ，近年ますます，マグロの輸入量が増えていることに気付かせた。

> わたしたちの住む名古屋の中央卸売市場にも様々な国々からマグロが運ばれているんだなあ。様々な国々と仲良くしていかないとマグロが食べられなくなって日本は大変だ。

第5時は，自作ＶＴＲ「名古屋に運ばれた世界のマグロ」を見せた。このＶＴＲは，実際に卸売市場へ来たグアムのマグロが成田空港からわたしたちの口に届くまでを追ったものである。このＶＴＲから,マグロのルート2 (空輸)「グアム→成田空港→中央卸売市場(名古屋)→魚屋，寿し屋→わたしたちの口」をとらえさせることができた。

第6時は，日本国内におけるマグロ養殖の取り組みに関するニュースを見せ，今後の日本のマグロ水産業について話し合わせた。

> C　今，ＴＶで見たように，大変難しいマグロ養殖を成功させれば，外国からこんなに輸入しなくてすむ。
> C　まだまだ養殖成功まで時間がかかるから，外国とは仲良くやっていかないとマグロがとれなくなって高くて食べられなくなる。
> C　外国とうまくやっていけばそれで十分。
> C　養殖をいち早く成功させ，自給率を高める努力をしないといけない。
> C　外国とのつながりを大切にしないといけないと思います。マグロを輸入するばかりでなく，何か日本のものを代わりに輸出してうまくやっていくとよいと思う。

話し合いからもわかるように，「外国と仲良くする」「自給率を高める」など，今後の水産業にとって大切な視点から話し合いを深めることができた。しかし，一部の児童はただ単に外国と仲良くすればよいと考えるだけにとどまった。

3　実践の成果と今後の課題

○　台湾沖でとれた170万円のマグロを導入で見せたことにより，わたしたちの身近に外国産のマグロが運ばれてきていることに気付かせることができた。

○　三大洋で遠洋漁業に携わっている人々の働く姿を見せたことにより，世界の海で日本人

がマグロをとるため工夫，努力していることをとらえさせることができた。

○　マグロの流通経路を探らせたことにより，日本（わたしたちの生活）が様々な国々との密接なつながりの中で成り立っていることに気付かせることができた。

●　このように，自分たちの生活と諸外国とのつながりに気付き始めた児童に対し，さらに大きな視野に立ってくれることを願い，次の学習（地球環境問題）に取り組ませることにした。

1　単元のねらいと国際理解とのかかわり

　ここ数年，「地球環境問題」が大きくクローズアップされてきている。フロンガス，熱帯雨林の伐採，地球の温暖化……。酸性雨もその一つである。この酸性雨について，言葉としては聞いたことがある児童も多いが，自分自身とはかけ離れたもの，外国で起こっていることだと考え，日本もしくは自分たちの身近に急速に迫ってきている問題としてとらえていないのが実情である。

　こうした児童一人一人が地球環境に目を向け，「宇宙船地球号」を救うには自分は何をすべきか考える，そんな児童を育てたいと考えた。そこで，Ｍ小にも被害が出ている酸性雨によるつららを出発点に世界各国で発生している酸性雨の被害の一例をエコロジー実験を通してとらえさせていく。こうした具体的な実験から酸性雨の恐ろしさを実感させる。

　そして，今こそ酸性雨をなくすため，全世界さらにわたしたち一人一人の協力が必要であることをとらえさせていく。こうした一連の学習を通して，「地球の子」としての自覚を育てることができると考え，実践に取り組むことにした。

2　実践の概要と考察

> 何だ？　このつららは。エッ，酸性雨で溶け出したの。Ｍ小にも酸性雨が……。大変だ！

　第１時は，右のＳＬを提示した。児童はすぐ，「校長先生の部屋の隣の階段下で見たことがある。」「白いつららだ。」「雨が降るとこのつららから水がたれている。」など自分たちの既有経験を思い思いに発表した。

　そこで，ＮＨＫスペシャル「つららは警鐘を鳴らす」の導入場面３分（高速道路や歩道橋，マンションなどで，多くのつららが見られるという内容）を見せた。その後で，つらら発生の原因を話し合わせた。

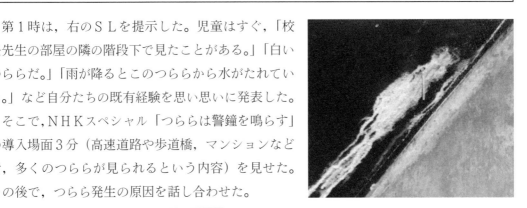

つらら発生の原因を話し合う場面

　Ｔ　何か気付いたことは。
　Ｃ　高速道路や歩道橋でもＭ小と同じことが起こっている。
　Ｃ　先生，どうしてこんなつららできたの。
　Ｔ　だれか予想できる人いる？

> C　雨が降るとつららから水がたれているのをよく見るから，きっと雨水と関係があるんじゃない。
> C　ぼくもそう思うよ。
> C　今話題の酸性雨じゃない。
> C　エー！
> T　ちょっとこれ（新聞記事「不気味・酸性雨つらら」ＴＰ）を見てみよう。
> C　やっぱり酸性雨だ！　Ｍ小でも酸性雨が降っているんだ。
> C　かさをしっかりささないとハゲるぞ！
> C　（大笑い）
> C　笑ってられないよ。恐ろしいことだよ。

　つららから雨水がたれているのを日常よく見ている児童は，容易に酸性雨が原因であることを予想することができた。そこで，「本当に酸性雨が原因か調べてみよう。」と投げ掛け，コンクリートの成分と同じ大理石を酸性の酢の中に入れる実験を行うことを知らせた。

　児童は「やってみよう」と早速，酢の中に大理石を入れた。そして，大理石の様子を一生懸命観察し，「あわが出て，溶けていく」ことを確かめた。この実験を通して，酸性雨がコンクリートを溶かしていくことを児童にとらえさせることができたと考える。

　更に，１０円玉を酢でみがくとどうなるか実験させた。児童はピカピカになったと口々に叫んだ。そして，酢（酸）が物を溶かす働きがあることを教師の補説を聞いてより詳しくとらえさせることができた。

　こうした二つの実験の後，「コンクリートを溶かしてしまう酸性雨とは一体，どんなものだろう。」と投げ掛け，酸性雨の原因や実際の被害について調べる方向に児童を導いた。

> 　車の排出ガスや工場の煙が雨に溶けて酸性雨ができるんだ。そして，日本を含め，全世界に酸性雨の被害が出始めているぞ！

　第２時は，ＮＨＫ教育番組「わたしたちと科学〜酸性雨〜」を視聴させた。酸性雨がどうしてできるのか，酸性雨が植物に及ぼす影響（アサガオに斑点ができること），日本を含め，世界各国の酸性雨の被害（スウェーデンの湖，ドイツの森林，スギ枯れ）をノートにイラストで表現させた。更に，酸性雨の被害にあった国々を一つずつ世界地図で確認していき，酸

性雨の被害が地球規模で広がっていることに気付かせた。そして，カナダの奇形の魚，ドイツの森林被害率をＴＰで紹介し，酸性雨の生態系に及ぼす影響の恐ろしさをとらえさせた。

　そこで，「本当に酸性雨は植物に悪い影響を与えるのか，実験してみよう」と投げ掛けた。児童は，「どんな実験？」「やろう！　やろう！」と意欲的な態度を示したので，次の様な実験をこれから２週間行っていくことを知らせた。

　　水だけ，かいわれ大根の芽が出たぞ！　酢を与え続けたかいわれ大根の芽はやっぱり出ない。

　クラスを７つの班に分け，各班，３つのシャーレにかいわれ大根の種をまき，一つには酢，一つにはうすい酢，一つには水を与え続け，その成長の度合いを観察していくのである。毎日，朝登校したら，観察結果をノートへ記入，水と酢を与えることを日課とし，酸性雨の植物への影響を調べさせた。

　１日目の午後には，水を与えた大根の皮がむけてきた。そして，４日目の11月24日の朝，Ｔ子が朝一番で職員室にかけこんできた。そして，「おはようございます」も言わずに，「先生，水のは芽が出てきたよ。酢のは全然変わらない。うすい酢のは２つほど皮がむけてきた

けど……」と息も絶え絶えに話しかけてきた。４日目以降，児童の観察意欲はますます増し，毎日のようにかいわれ大根の成長を報告しにきてくれた。そして，26日にはすべて皮がむけ，28日には双葉がわかるようになってきた。しかし，酢のはいっこうに変化がなかった。

　こうした実験，観察を続けたことにより，児童は「やっぱり，酸性雨は植物の生長に好ましくない恐ろしいものである」ことを実感をもって確かめることができたと考える。

> 　わたしたちの住んでいる名東区にもやっぱり酸性雨が降っている。どうしたら防げるの。

　第3時は，「日本の酸性雨 pH 分布図」を提示した。児童はすぐ，「名東区も pH4.8 と結構強い酸性雨が降っている」ことを見付けることができた。この後，「1974年，関東一円に酸性の雨が降り，目が痛いと訴えた人が4000人を超す」という新聞記事を示した。

　「先生，わたしたちの名東区でもこれからこの新聞みたいなこと，起こるかもしれないね」という児童の発言が心に残った。更に，この記事を身近に感じさせるため，「プールで目が痛くなったことがないか」尋ねてみた。学級のほとんどの児童が「ある！」と答えたので，「どんなふうに痛かった？」と聞いてみた。「目がチクチクした」などそれぞれの経験を出し合った。

　その後，塩素が水に溶け，酸性が強くなったとき，よく起こることを説明した。

　そして，「どうしたら，酸性雨を防げるか」酸性雨のできる原因を想起させ，考えさせた。

> C　自動車の排出ガスを抑える。
> C　工場の煙を出さないようにする。
> C　物を大切にして，ゴミを出さないようにする。そうすれば，煙が出ることも少なくなる。
> T　みんなからいろいろ出されたけど，次の時間，世界各国で行われていることを少し調べて，国，工場，わたしたちというそれぞれの立場から酸性雨をなくすため，どうしたらよいか考えていこう。

　次の時間までに，各立場からできることを自分なりに考えてくることを宿題とし，本時を終えた。

> 　世界各国が酸性雨をなくすために協力しなくては！　そして，まず，わたしたち一人一人が気をつけなくてはいけないよ。

　第4時は，「米国の新大気浄化法」「スウェーデンの石灰散布」など，世界各国の酸性雨対策をわかりやすく説明した。そして，それぞれの立場から「酸性雨をなくすために」というテーマで発表会をさせた。

> 国．　　米国のように世界各国が車の排出ガスや工場の煙を抑える法律をつくるべきだ。
> 工場．　　アルコール車とか電気自動車の開発を進めるべきだ。
> 工場．　　工場は，煙をきれいにする装置をつくる必要がある。
> わたしたち．　自動車に乗らないように心がける。近いところは自転車を利用すべきだ。
> わたしたち．　電気の使いすぎをやめる。そうすれば，火力発電所の煙が少なくなる。

　討論は白熱し，それぞれの立場で努力すべきことを次々と発表していった。そして，O子が最後に「一人一人がちょっとずつ気を配れば，酸性雨を防げるから，今日から右のことに気をつけよう」と新聞を広げて呼びかけてくれた。こうした話し合いや新聞からもわかるように，児童の中に「地球社会の一員」として，一人一人のめざめが 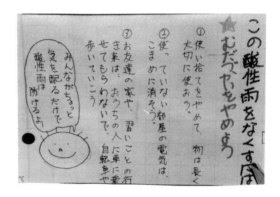 地球を救うという気持ちが育ってきたと考える。最後に『子どもたちが地球を救う50の方法』という本を紹介し，その一部を読んで実践を終えた。

3　実践の成果

○　M小の酸性雨つららや様々な観察・実験（大理石を溶かす，10円玉をみがく，かいわれ大根の成長実験）は，酸性雨を身近に感じさせ，その被害や影響を切実にとらえさせる上で有効であった。

○　地球規模の環境問題を教材として取り上げ，学習させたことにより，児童に地球市民としてのめざめや自覚を育てることができた。

V　おわりに

　自然環境，生活の様子などが違う日本と世界各国。その違いに目を奪われることなく，人間共通の願いや営みに気付かせる古川市とタイの実践。一学期の終わりには，日本と多くの国々の密接なつながりに気付かせるマグロの実践。二学期に入り，地球環境問題―酸性雨の実践と，児童の「地球の子」としての自覚を少しずつ高めてきた。その結果，次のような児童が多く育ってきた。

> 　酸性雨を防ぐには，世界中の人々が努力するよりしかたがない。もちろんわたしもその一人。わたしだったら，こんなことに気をつけます。
> 　○　ティッシュペーパーのむだづかい
> 　○　わりばしの使いすて
> 　○　部屋の電気の消し忘れ

　本実践を通して，「明るく見える」親善・友好の大切さだけでなく，環境破壊に代表される「暗く，見えにくい」部分にも児童の目を向けさせる必要性があることを実感した。

　上の作文にみられるように，「地球市民」としての"めざめ"が地球を変え，日本を変え，世界を変える。更に，「地球の子」を育てる実践を積み重ねていきたいと考える。

　みんな「地球の子」をめざして！！

◆学校教育目標実現に向けて社会科を核とした
　カリキュラム・マネジメントの推進

◆グローバル化する国際社会に主体的に生きる
　子どもの育成の実現のヒントとなる実践

Theme2
育て！　資源を守る地球の子
―牛乳パックの大変身をきっかけにして―

平成 4 年度 1 年実践　名古屋市立M小学校にて実践　生活科と各教科等関連（環境教育）

Ⅰ　はじめに

「強い子，やさしい子，地球の子」

これは，Ｍ小学校の正門につくられた校訓碑に刻まれている言葉である。最後の言葉である「地球の子」には「かけがえのない地球のために自分でできることは何かと考え，それを実行しようとする子に育ってほしい」という願いが込められている。

昨年度より，本校では児童会が中心となり家庭や地域に呼び掛けながら，牛乳パックやアルミ缶の回収を月に一度実施してきた。この活動の目的は地球の資源を守るために，自分たちの身近なものをリサイクルする活動に取り組ませることにあった。

5月の回収のとき，入学してはじめて牛乳パックを学校へ持ってきた本学級の1年生に「みんなが集めてくれたこのパックはどうなるのかな」と尋ねてみた。すると，ほとんどの児童が「わからない」と答え，「だって，お母さんが持っていけと言ったもん」と話す児童もいた。

そこで，児童が集めてきた牛乳パックを児童自身が自ら，思いも寄らないものに変えたり，楽しく遊んだりすることのできるおもちゃにしたりする具体的な活動を体験させる。

この体験が資源を有効利用していこうとする芽を育てることにつながると同時に，「地球の子」としての第一歩を踏み出させることにもなると考えた。

Ⅱ　牛乳パックを素材として選んだ理由

「地球の子」を育てる上で，牛乳パックを素材として選んだ理由を過去3年間の実践より考えてみた。

平成元年度には，6学年で学区を流れる植田川を教材化し，地域の環境保全に目を向けさせる実践を行った。この実践では，次のことが明らかになった。

> **明らかになったこと1**
>
> 地球環境問題に目を向けさせる第一歩として，身近な素材を教材化し，自分たちの地域を守ることが地球を守ることにつながっていることに気付かせることが，地球規模で環境問題を考えることのできる地球の子を育てる上で大切である。

平成2・3年度には，5学年でＭ小の外壁にできた酸性雨つららを教材化し，身近な環境問題から地球環境問題に目を向けさせ，地球の子として，どんな行動ができるのか考えさせた。地球環境問題を身近なこととしてとらえさせることはできたが，児童自らが具体的に身近なことから行動に移していくには難しい教材であった。この実践では，次のことが明らかになった。

身近なことから行動に移していくことが可能な素材を教材化することが，自分でできることからやってみるという実行力をもつべき地球の子を育てる上で大切である。

そこで，次の理由から牛乳パックを取り上げることにした。

○牛乳パックは，地球の森林資源を大切にしようとする気持ちを育てるきっかけをつくることのできる素材である。
○牛乳パックは自らの手で再利用を実行したり，リサイクルに協力したりできる素材である。

また，各学年の学習内容に応じて，系統的に実践できる素材でもある。

○低学年では生活科単元「おもちゃであそぼうよ」「年賀状をつくろう」などで，中学年では社会科単元「くらしとごみ」などで，高学年では社会科単元「くらしと製紙業」「地球の森林資源」などで扱うことが可能な素材である。（資料6）

Ⅲ　牛乳パックを素材とした本年度の実践

1　実態調査からスタート

実践を進めるに当たってまず，1年生の児童がどの程度，牛乳パックに対しての知識や体験があるのか，尋ねてみた。

その結果，以下のことがわかった。

○約3分の2の児童が原料が紙（実際はパルプ）であることを知らないこと
○入学前に約半数の児童が簡単な牛乳パックのおもちゃづくりなどの経験を有すること

また，牛乳パックを何かに利用してみたいという意識をもっていることもわかった。

そこで，牛乳パックを素材として1年生で実践できる単元を洗い出してみた。また，各教科・領域の関連を考え，年間活動計画を作成した。

2　年間活動計画

生活科を中心にして各教科・領域を関連させた年間活動計画を作成した。

生活科単元名	活動内容	環境教育にかかわる指導の観点	各教科等の関連単元	児童会活動
学校でそだてよう（5月）	・アサガオの種に牛乳パックでつくった水入れで水やりをする。	・牛乳パックや空缶など，身近な廃品で水やり用の水入れをつくらせる。	・図工「トーマスせんせいのたんじょうび」	牛乳パック回収
実践例1　牛乳パックの大変身				
牛乳パックのおもちゃであそぼう（6月～7月）	・牛乳パックを利用してつくったおもちゃで遊んだりそれを利用しておもちゃをつくったりして遊びや生活を楽しむ。	・牛乳の入れ物であるパックの形や素材を生かして，各種のおもちゃに再利用できるんだという認識を育てる。（各種廃材の活用）	・図工「ぼくのしまわたしのしま」・図工「うごくぞ，うごくぞ」・国語「せんせい，あのね」	
牛乳パックで暑中見舞いのはがきをつくろう（7月）	・牛乳パックを利用した暑中見舞いのはがきをつくる。	・すきわくを利用して紙すきを体験し，リサイクルの過程を実感させる。	・国語「せんせい，あのね」	
牛乳パックで昔のおもちゃ（けん玉）をつくろう（夏休みの課題）	・牛乳パックを利用した昔のおもちゃをつくって，遊びや生活を楽しむ。	・牛乳の入れ物であるパックの形や素材を生かして，各種のおもちゃに再利用できるんだという認識を育てる。		
はなやみであそぼう（9月）	・草花の色水入れやたたき染めのまな板がわりに利用する。	・空の牛乳パックを容器として再利用したり，版画板のかわりにしたりして，有効に活用させる。		
実践例2　かぞくっていいな				
かぞくっていいな（10月）	・かぞくのために贈り物をつくったり，自分ができる仕事として，パックの回収で切り開いたりするお手伝いに取り組む。	・牛乳パックがくらしに役立つものにも変身できることを実感させる。・地球の子として，行動できるように牛乳パックの回収を自分自身の手で行わせる。	・図工「トーマスせんせいのたんじょうび」・道徳「地球の子をめざそう」	
おしょうがつがたのしみね～ねんがじょうをつくって出そう～（12月）	・牛乳パックを利用した年賀状をつくり正月を迎える準備をする。	・すきわくを利用して紙すきを体験し，できた年賀状を先生や友達あてに投函する。	・国語「せんせい，あのね」	

65

3　授業実践

実践例1　牛乳パックの大変身（14時間完了）

(1)　活動のねらいと単元構成

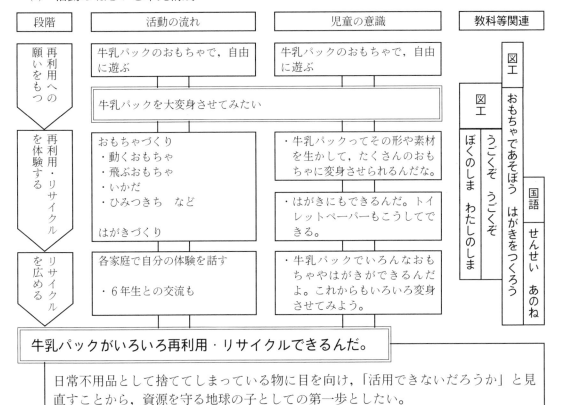

| 段階 | 活動の流れ | 児童の意識 | 教科等関連 |

牛乳パックがいろいろ再利用・リサイクルできるんだ。

日常不用品として捨ててしまっている物に目を向け、「活用できないだろうか」と見直すことから、資源を守る地球の子としての第一歩としたい。

(2)　授業の様子と考察

第1時　牛乳パックでつくった各種のおもちゃで遊び、自分自身で牛乳パックを再利用して、おもちゃをつくってみたいという願いをもつ段階

　牛乳パックを提示し、実際にそのパックに入っている牛乳を全部飲んで、「飲み終わったんだけど、この牛乳パック、どうしよう」と問い掛けた。児童からは、「捨てる」「集めて、学校へ持ってくる」「船をつくる」など、様々な意見が出された。

　さらに、1年生の児童も2回ほど経験している「本校の牛乳パックの回収の様子」のVTRを視聴させた。視聴後、「ぼくもこの間、牛乳パックを持ってきたよ」「牛乳パックを集めて、トイレットペーパーにするんだってお母さんが言ってたよ」「お母さん、よく集めている」など、児童の生活経験を想起させた後、変身ボックスを提示した。

そして，牛乳パックがトイレットペーパーになることを知らせ，「牛乳パックを使って，きみたちができることはないかな」と問い掛けてみた。すると，「自動車をつくろう」「みんなでロボットをつくろう」などが出されたりした。

そこで，牛乳パックでできたおもちゃ(こま，バッタ，ヘリコプター)を提示し，実際に回したり，飛ばしたりしてみせた。

「ぼくにもやらせて！」と牛乳パックを利用したおもちゃで遊びたいという発言が出されたので，「牛乳パックおもちゃランド」(p.75)で遊ばせることにした。牛乳パックでできた 13 種類のおもちゃを 19 個ずつ，並べて自由に遊ばせた。広い場所（体育館）でいろいろ工夫しながら遊んだことにより，自分自身で牛乳パックを利用したおもちゃをつくってみたいという願いをもつようになった。

┌─ 自己評価カードより（38名）─────┐
│ 1　おもちゃでたのしくあそべましたか。 │
│ 　（とてもたのしかった，たのしかった，たのしく │
│ 　ない） │
│ ┌────────────────┐ │
│ │ とてもたのしかった　35名 │／│ │
│ └────────────────┘ │
│ 　　　　　　　　　たのしかった 3名 │
│ 2　おもちゃをじぶんでつくってみたいですか │
│ 　（はい，いいえ） │
│ ┌────────────────┐ │
│ │ 　　　　はい　38名 │ │
│ └────────────────┘ │
└───────────────────────┘

第2時― 第7時	牛乳パックで自分がつくりたいおもちゃやグループでつくりたいおもちゃをつくり，再利用を体験する段階

事前に各家庭にお願いして保管してもらっていた牛乳パックを児童が持ってきたり，学校の回収で集まった切り開いた牛乳パックを利用したりして，自分がつくりたいおもちゃづくりに取り組んでいった。

そして，できたおもちゃで試し遊びをしたり，友達がつくったいろいろなおもちゃで遊んだりした。

おもちゃ遊びが活発になるにつれ，「パックをつなげていいかな」という児童が出てきた。そこで，牛乳パックを積み木がわりにつなげて，いかだ・かまくら・つくえやいすなどをつくることになった。

地球っ子クラブ員（牛乳パックや各種廃材を利用したリサイクル工作に取り組み，日ごろの物があふれた生活を見直してもらおうと訴えるクラブ）が牛

乳パック回収をクラブ発表会で呼び掛けるためにつくったロボット・いかだ船・いすなどを提示し，考えるヒントにさせた。自分がつくりたいものを選択させたところ，3つのグループ（いかだ2つ，ひみつきち1つ）にわかれることになり，それぞれ，プールや教室で遊んだりした。

こうしたおもちゃづくり・おもちゃ遊びの活動や体験を通して，「いっぱいおもちゃができたね。もっとたくさん自分でつくってみたいよ」というつぶやきが聞かれるようになった。また，自分の家庭で，母親に向かって「牛乳パックをとっておいてね！　ぼくが車に変身させてみせるから……」という児童もみられた。

このことから，牛乳パックが素材や形をそのまま生かして再利用できるんだという認識を育てることができたと考える。

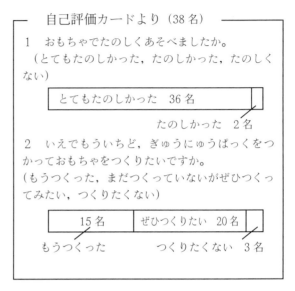

自己評価カードより（38名）

1　おもちゃでたのしくあそべましたか。
　（とてもたのしかった，たのしかった，たのしくない）

とてもたのしかった　36名	

たのしかった　2名

2　いえでもういちど，ぎゅうにゅうぱっくをつかっておもちゃをつくりたいですか。
（もうつくった，まだつくっていないがぜひつくってみたい，つくりたくない）

15名	ぜひつくりたい　20名	

もうつくった　　　　つくりたくない　3名

本活動の2日後に実施した自己評価カードの結果からみても，おもちゃにもうすでに再利用したという児童が15名，ぜひ再利用したいという児童が20名もいることがわかった。

第8時— 第12時	牛乳パックからはがきをつくり，リサイクル活動を体験する段階

おもちゃづくりで，多くの牛乳パックの切れ端が出たり，切り開いた牛乳パックが残ったりしていた。「それらを使って，はがきをつくってみよう」と投げ掛け，牛乳パックからできたはがきを提示した。

牛乳パックからはがきができることを知っている児童もいたが，実際につくったことのある児童はひとりもいなかった。

「先生，今度ははがきつくるの。はやくやろうよ」という反応を示す児童が多かった。

そこで，以下のような手順ではがきづくりを体験させた。

---- 紙すきの手順 --------------------------------

① 牛乳パックの切れ端を短冊状に切る。（第8時）

② それを洗剤に2日ほどつけておく。

③ 洗剤から取り出し，ラミネートをはがす。（第9時）

④　ラミネートがはがれたパルプを粉々にちぎる。（第10時）

⑤　ちぎったものをミキサーにかけ，紙すきを体験する。（第11時〜第12時）

はがきができることを全く知らなかった児童は「牛乳パックからはがきができるなんて信じられない」と驚いた。

失敗したはがきを手にとって，「トイレットペーパーができたぞ」と喜ぶ児童や「家でお母さんにたのんでやってみるよ」「たくさんつくっておたよりを出したい」と作文「せんせい，あのね」に記述する児童も多くみられた。

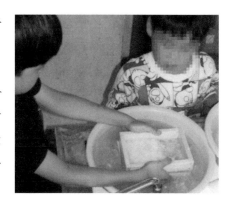

MY子の「せんせい，あのね」より

せんせい，あのね，せいかつのべんきょうで，はがきをつくったよ。とてもたのしかったよ。わたしは，はがきを4まいつくったよ。

たくさんはがきをつくって，みんなにおたよりをだしたいです。

YH子の「せんせい，あのね」より

せいかつのべんきょうで，かみをつくったよ。こんど，おうちでつくってみたいな。できたら，みせてあげるね。

これらの体験によって，今までは不用なもの，捨てるものというとらえから，牛乳パックがはがき（紙）やトイレットペーパーにリサイクルできることを実感をもってとらえさせることができたと考える。

さらに，家ではがきをつくろうという意欲を引き出すこともできた。

自己評価カードの結果をみても，はがきづくりが楽しい活動であったこと，リサイクルに向けての意欲が高まったこと，牛乳パックが紙からできていることがわかったと考える。

自己評価カードより（38名）

1　おもちゃでたのしくあそべましたか。
（とてもたのしかった，たのしかった，たのしくない）

とてもたのしかった　35名		

たのしかった　2名　　たのしくない　1名

2　いえでもういちど，ぎゅうにゅうぱっくをつかっておもちゃをつくりたいですか。
（もうつくった，まだつくっていないがぜひつくってみたい，つくりたくない）

つくりたくない

ぜひつくりたい　29名	4名	3名

つくりたい　2名　　　どちらでもよい

3　ぎゅうにゅうぱっくはなにでつくられていますか。

かみ　28名	9名

トイレットペーパー　1名　　　わからない

69

第13時— 第14時	つくったおもちゃやはがきを各家庭に持ち帰り，「牛乳パックの再利用やリサイクルができるんだ」と広める段階

　児童のほとんどが「先生，つくったおもちゃやはがきを早く家に持って帰りたい」と話してきた。なぜ，そんなに早く持ち帰りたいのかを尋ねてみた。「お母さんやお父さんにつくり方を教えてあげたい」「自慢したい」「家でもやってみたいから」と答える児童が多かったので，今まで体験したことをどのように家庭で伝えるか考えさせた。

　そして，ペア学級の6年生を母親・父親にみたてて「牛乳パックでいろいろなおもちゃやはがきができるんだ」と呼び掛けさせる模擬練習をさせた。

　模擬練習をさせたのは，6年生との交流をきっかけにして，学校の牛乳パック回収の目的や牛乳パックがもとは木からできていることを知ってほしかったからである。

6年生Y子に話したKO子の内容

　牛乳パックから，このとおり，はがきやおもちゃができるんだよ。まだ，いろいろなものができるんだよ。つみきもできるんだよ。牛乳を飲み終わったら，すぐ，わたしに牛乳パックを渡してね。おもちゃにしたり，学校へ持っていったりするから……。

　KO子は，家に帰って，母親に向かって牛乳パックではがきやいろいろなおもちゃができることや学校の回収のことを細かく話した。

　また，6年生から牛乳パックは実は木からできることを聞かされた児童は誇らしげにそのことを家で話したそうである。

　この例のように全員の児童が各家庭で今までの一連の体験を報告し，牛乳パックの再利用・リサイクルの必要性を確かめていった。

(3)　実践後の子どもの行動と次の実践に向けて

　実践終了後，児童のその後の様子について保護者から連絡があった。

RT男　今日も牛乳パックで動く車をつくっていました。これで14台目です。
　　　　（学習したことを生かしている姿）
YS男　牛乳パックを利用して，今虫かごをつくっています。
　　　　（応用して，暮らしに役立つものに変身させている姿）
SS男　今，牛乳パックを親子で役割分担（切り開く…SS男，束ねる…母）して，学校の回収に協力しようとがんばっています。
　　　　（リサイクルの必要性を親子で感じ，実行している姿）
YH子　親子で夏休み，はがきづくりを計画しました。先生，すき枠を貸してください。

（リサイクルの過程を親子で実感し，実行しようとしている姿）

ＡＫ子　牛乳パックは木からできていることをみんなに誇らしげに話しています。

（牛乳パックの原料がわかり，それを広めている姿）

ＴＯ男　早速，つくったはがきで，神戸のおばあちゃんにおたよりを出しました。

（リサイクルを遠くの親類へ広めている姿）

この結果をみても，１年生の児童が牛乳パックの再利用・リサイクルに向けて，各家庭で様々な行動を起こし始め，さらに親子で取り組んでいることがよくわかった。

また，ＴＯ男の母親からこんなお手紙をいただいた。

飲み終わったらポイの牛乳パックが，おもちゃやはがきにと有効利用されていく過程は子どもたちの嬉々とした表情と合わせて，とても興味深いものでした。机上だけの勉強でなく，このような体験学習をこれからも続けていただけたらと思います。

生活が豊かになり，物があふれ，買い与えることより，与えないで我慢させることの難しさを痛感している今日，限りある資源の有効利用を，親のわたしももう一度考え直さねばと反省させられました。

この手紙や子どもの実践後の行動化の様子から，学校と各家庭が協力してこそ，環境教育がよりよく実現できるものであることを実感した。家庭でも環境・資源の問題について関心をもち，子どもと一緒に考えたり，行動したりできる機会や場を今後も設定していきたい。

また，生涯学習の観点から考えると，学校での学習の成果が家庭で生かされ継続されたとき，本当の意味での「資源を守る地球の子」が育ったといえる。

そこで，次の実践では，以下の２点に留意して活動を展開していくことにした。

○　家族で資源の有効利用や再利用について，話し合う場を設定する。

○　家庭のお手伝いの中で，資源の有効利用にかかわる継続できる仕事を身に付ける。

実践例2　かぞくっていいな（10時間完了）

（10時間完了で第7時〜第9時が本実践にかかわるところ）

第7・8時は図工「トーマスせんせいのたんじょうび」と関連

第9時は道徳「地球の子をめざそう」と関連

1　活動のねらい

第7・8時の贈り物づくりを通して，次の2点をねらうことにした。

○　牛乳パックが家庭のくらしの中で役立つものにもなることを実感させる。

○　つくった贈り物に手紙をそえて家族にプレゼントさせることを通して，家族と物の有効利用や再利用について話し合わせる。

第9時のパックの切り開き方の学習では，

○　今まで，学校へ持ってくるだけであった牛乳パックを今度は，洗って，切り開いて，束ねるところから自信を持ってできるようにする。

2　授業の様子と考察

第7・8時	生活「かぞくっていいな」 〜牛乳パックを再利用して家族へ贈り物をつくろう〜

「牛乳パックの大変身」の学習を終えた後の行動化現象のひとつを紹介するところから学習を始めた。

ＭＯ子ほか数人の子どもたちが牛乳パックをアサガオの水やりの入れ物に使っている様子やヤマゴボウの色水入れに使っている様子を紹介した。

そして，「牛乳パックをくらしの中で役立つものに変身させたいんだけど，どんなものに変身させることができるかな」と問い掛けた。子どもたちからは，「鉛筆立て」「宝石箱」「花びん」「貯金箱」「コップ」など，様々なものが出された。

　そこで，今まで学習してきた家族のために「牛乳パックを使って，家族に贈り物をつくろう」と投げ掛け，製作活動に入った。

　子どもたちは，牛乳の入れ物であるパックの特性を生かし，自分がつくりたいと思う役立つものに変身させていった。

　できたところで，発表会をさせ，牛乳パックがくらしに役立つあらゆるものに再利用できることを実感させた。

　さらに，家族への手紙を書かせた。これはAS子が贈り物を父母に渡したとき，親子でかわした会話の内容である。

つくった贈り物	人数
鉛筆立て	14
水入れ，バケツ類	9
小物入れ	7
花びん	5
貯金箱	3
いす	3
その他（おかし，宝石入れなど）	3

AS子
わたしがつくった花びんを受けとってね。

父母
すてきな花びんをありがとう。いろいろ使えるよう工夫したね。これからも，物をすぐ捨てるんじゃなく大切に使ってね。

　次の日，早速，朝の会で10名の児童におうちの人からの言葉を発表させ，物を大切にすることが地球の子になるための第一歩であることを，落とし物箱にたまっている数本の鉛筆をみせながら，話して聞かせた。

第9時	生活「かぞくっていいな」 〜家族のため，地球のため　牛乳パックの回収に協力しよう〜

　家族のために自分ができる仕事はないか考えさせた。児童から「うわぐつ洗い」「電話をとる」「お皿並べ」「新聞とり」など，たくさんのことが出された。実践例1「牛乳パックの大変身」の学習後，牛乳パックの回収を親子で取り組んでいるSS男は「牛乳パックをはさみで切り開く」ことをお手伝いとして挙げた。

　そこで，自分ができるお手伝いとして，牛乳パックを洗って，切り開いて束ねるところまでを手順にそって，実際に体験させた。子どもたちはもう自分ひとりでできると自信に満ちあふれている。

Ⅳ　おわりに

個人懇談会で各家庭の様子を尋ねてみた。

> ＲＴ男母　我が家では牛乳パックは捨てられないものになりました。……
> ＴＯ男母　無意識のうちから，紙を節約して使うようになりました。……

牛乳パックを回収に出そうと家庭で積極的に取り組んでいる子，紙を節約して使うようになった子，アルミ缶を洗うお手伝いをする子，フィルムケースを種入れに再利用する子など，子どもたちの行動は資源を守る地球の子として広がりつつある。

牛乳パックを変身させる具体的な活動や体験を通して，牛乳の入れ物であるパックが多種多様に再利用，そしてリサイクルできることを実感し，自ら各家庭で様々な行動を起こし始めたのである。

今後は，地球の子を育てる上で，資源の有効利用がどんな意味をもつのか，各学年の発達段階に応じ，ごみ問題や森林資源とのかかわりから考えさせる実践を進めていきたい。

【牛乳パックおもちゃランドの例 (体育館の場合)】

　体育館に並べるおもちゃは様々な動きがあるものを用意できるとよい。

★はずむ・・・・・・ぴょんバッタ

★まわる・・・・・・くるくるこま，くるくるシャワー

★とばす・・・・・・かみとんぼ

★おとす・・・・・・ヘリコプター

★うごく・・・・・・ほかけ船，動く車，くねくねヘビ

★集団遊び・・・・・輪投げ　めんこ道場，ボーリング，積みパック広場

　その他，くらしに役立つもの (はがき，水入れ等)，グループで，いかだ・机・いす・ものさし，ロボット，かまくら等つくる楽しい活動も展開できる。

　牛乳パックを利用したおもちゃでひたすら遊び，自分自身や友達と協力しておもちゃをつくる製作活動へつなげる。

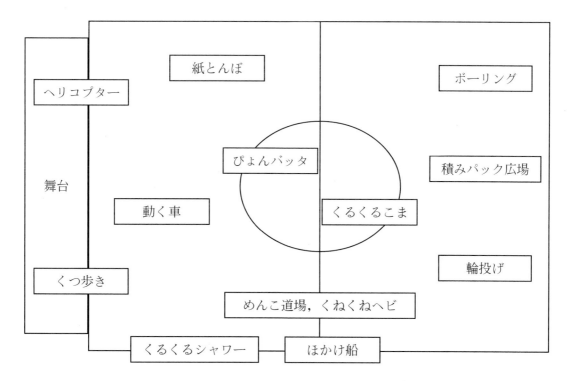

※くるくるシャワーとほかけ船は子ども用簡易プールと大きなたらいに水を入れて，体育館
　　ベランダにコーナーをつくる。

※ヘリコプターは，舞台からおとす。

※くつ歩きは，牛乳パックで作ったくつをはいて歩く。

3 「社会に見られる課題の教材化」
「社会に見られる課題を把握して，その解決に向けて社会への関わり方を選択・判断する力，選択・判断したことを表現する力の育成」

　社会に見られる課題とは何かが，『小学校学習指導要領（平成29年告示）解説社会科編』の第2章社会科の目標及び内容の第1節社会科の目標　1教科の目標⑤思考力，判断力，表現力等の中のp.23に記載されている。

　「社会に見られる課題」とは，例えば，地域社会における安全の確保や，良好な生活環境の維持，資源の有効利用，自然災害への対策，伝統や文化の保存・継承，国土の環境保全，産業の持続的な発展，国際平和の構築など現代社会に見られる課題を想定したものである。小学校においては，発達の段階を踏まえるとともに，学習内容との関連を重視し，学習展開の中で児童が出合う社会的事象を通して，課題を把握できるようにすることが大切であると記されました。

　また，思考・判断・表現力等の目標表記では「社会に見られる課題を把握して，その解決に向けて，学習したことを基に，社会への関わり方を選択・判断する力」を養うことが新しく明記されました。

　ここで紹介する二つの実践は，平成5年度4年の地域学習，平成6年度5年の産業学習の実践ですが，ともにここでいう「社会に見られる課題」を教材化しました。平成元年度の学習指導要領では「社会に見られる課題」はここまでの取り上げ方はしていませんでした。5年でいえばこれからの各産業の課題等として単元で最後に軽く扱う場合が多かったのではないかと記憶しています。

　しかし，わたしは当時から「その時旬であること」「ニュース等で大きく取り上げられていること」等，「社会に見られる課題」こそが，魅力ある教材開発の出発点になるのではないかと思っていました。

　一つ目の実践「地域に学び，地域に育つ子ども」の実践では，子どもの興味や関心が喚起されるような，現在，地域で問題となっている事象を含む教材を工夫したいと考えました。

　まず，教材開発するため，学区の区政協力委員長さんを当時の教頭先生から紹介してもらい，今地域で何が課題なのか，どんな街づくりの構想があるのか取材しました。この人がまさに教材開発のキーパーソンとなりました。

　ここで地域住民の要望でできた押しボタン信号機のこと，新たな交通安全の課題に取組み始めたことなど聞き取れました。また，老人ホームに隣接する荒れた大きな池周辺を開発して，住民の憩いの場にしようという計画を立てていること等を知りました。

　地域学習では，まさにこれらの今，地域で旬な社会に見られる課題を教材化した，そんな実践です。

　二つ目の実践は，5年生の産業学習での実践です。これも一つ目の実践と同じように「その時旬であること」「ニュース等で大きく取り上げられていること」等を教材化しました。

　強烈に憶えていることは「平成米騒動」が世の中で話題になっていることでした。凶作による米不足によって，外国からの輸入米がどんどん入ってくる事態となりました。そのときの五年生を担任することになり，これを教材化しないわけにはいかないと思いました。

　こうした緊急課題を各家庭ではどう考えるのか，はたまた全国の米づくり農家はどのように克服しようと努力しているのか，今話題となっているだけにいろんな意見や考え，いろんな全国的な取り組みが取材で明らかになっていきました。

　実践記録にもあるように，緊急課題を教材化するすばらしさは，全国の米づくり農家（生産者）の生き残りをかけた反応がすぐ返ってくるというところで，その声が子どもたちの心を動かすことがわかったことです。

　水産業の実践では「マグロ漁業，とくにマグロの大量消費と国際批判」を取り上げ，クロマグロの乱獲と日本人の食文化，野生動物保護団体からの批判等対立する動きを生かし，「今後のマグロ水産業のあり方」を考えることができるように教材化しました。

　また，今後の自動車産業の実践では「ディーゼルエンジン車の排出ガス規制とディーゼルエンジン車に頼る日本のトラック輸送」を取り上げ，今後の自動車開発の方向やトラック輸送に頼る日本の車社会のあり方」を考えることができるように教材化しました。

　これらは全て当時，新聞やテレビ等で大きく取り上げられた「社会に見られる課題，緊急課題」でした。これらを教材化し，取材活動を柱にした実践でした。

　当時は手紙や電話，FAX等に頼らざるを得なかった取材活動ですが，これからは一人一台のタブレットで学習できる個別最適化の学びの時代になれば，取材活動の幅も広がり，もっともっと楽しい，主体的な学びが期待できるようになると予測しています。

　また，「社会的事象の特色や意味，社会に見られる課題などについて，多角的に考えたことや選択・判断したことを論理的に説明したり，立場や根拠を明確にして議論したりするなど言語活動に関わる学習を一層重視すること」については，社会に見られる課題を教材化すれば，セットとしてついてくるといえます。

　地域学習の実践では「校区にある池及びその周辺の開発」を「子ども黒石開発会議」として，様々な対立・葛藤を引き起こすようなコンペ形式（よりよい開発案を選択したり，立場や根拠を明確にしてそれぞれのメリット・デメリットを議論する形）の話し合い活動を仕組みました。

産業学習では，取材した様々な声を根拠に米の輸入の是非について考えるコメサミットや，ディーゼルエンジン車規制をテーマに，21世紀の車づくり，車社会を考えると題したサミットを開いたりしました。

最後に，5年生の産業学習を本実践で取り上げた三つの実践例の学習構想図も掲載しました。併せて計画を立てる際の参考にしていただけたらと思います。(pp.105～107)

ぜひ，令和時代の社会科教師にわたしの平成の実践を紐解いて読んでいただき，何か教材開発，指導法のヒントになればいいなと願っています。

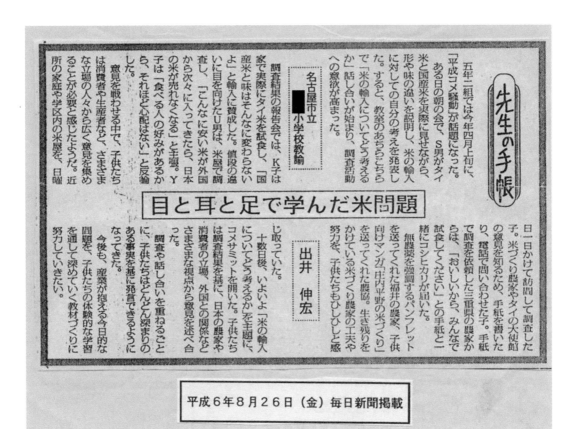

先生の手帳

目と耳と足で学んだ米問題

名古屋市立■小学校教諭

出井　伸宏

五年二組では今年四月上旬に，「平成コメ騒動」が話題になった。ある日の朝の会で，S男がタイ米と国産米を実際に見せながら，形や味の違いを説明し，米の輸入に対しての自分の考えを発表した。すると，教室のあちらこちらで「米の輸入についてどう考えるか」話し合いが始まり，調査活動への意欲が高まった。

調査結果の報告会では，K子は家で実際にタイ米を試食し，「国産米と味はそんなに変わらないよ」と輸入に賛成した。値段の違いに目を向けたU男は，米屋で調査し，「こんなに安い米が外国から次々に入ってきたら，日本の米が売れなくなる」と主張。Y子は「食べる人の好みがあるから，それほど心配ではない」と反論した。

意見を戦わせる中で，子供たちは消費者や生産者など，さまざまな立場の人々から広く意見を集めることが必要と感じたようだ。近所の家庭や学区内の米屋を，日曜日一日かけて訪問して調査した子。米づくり農家やタイの大使館の意見を知るため，手紙を遣いたり，電話で問い合わせた子。調査を依頼した三重県の農家からは，「おいしいから，みんなで試食してください」との手紙と一緒にコシヒカリが届いた。

無農薬を強調するパンフレットを送ってくれた福井の農家，子供向けマンガ「庄内平野の米づくり」を送ってくれた農協。生き残りをかけている米づくり農家の工夫や努力を，子供たちもひしひしと感じ取っていた。

十数日後，いよいよ「米の輸入についてどう考えるか」を主題に，コメサミットを開いた。子供たちは調査結果を基に，日本の農家や消費者の立場，外国との関係などさまざまな視点から意見を述べ合った。

調査や話し合いを重ねるごとに，子供たちはどんどん深まりのある事実を基に発言できるようになってきた。

今後も，子供たちが抱える今日的な問題を，子供たちの体験的な学習を通して深めていく教材づくりに努力していきたい。

平成6年8月26日（金）毎日新聞掲載

78

自分を根底から支えてきた思い
★子どもたちが一生憶えている授業がしたい！！

まぐろから考える

出井　伸宏　小

私は平成六年に、社会科単元「これからの水産業」で、本物の巨大まぐろを教室に持ち込み、さらにまぐろ遠洋漁業に取り組む人々、まぐろの完全養殖に挑む近畿大学の人々と交流しながら、授業に取り組んだことを鮮明に憶えている。わたしが長年の教材研究をもとに全精力を傾けた数少ない授業のひとつである。

先日そのとき受け持った子どもたちのクラス会が開かれた。もう成人となり、働いている子もいたが、そのときの授業だけは鮮明に憶えていてくれた。とてもうれしかった。

「あの巨大まぐろを教室に先生が持ってきたときはほんと驚いたし、くさかったよね」

「近畿大学の人たち、養殖の様子が分かる漫画と写真送ってくれたよね、今でも持ってるよ。」

そんな細部にわたるまで憶えていてくれたことに感動したし、教師としての喜びを改めて実感した。

「子どもたちが一生憶えている授業」わたしの永遠の追及テーマであり、ライフワー

クのひとつである。

今、求められている教師像…。わたしがわたしの経験からすぐ頭によぎるのは「教師は授業で勝負」という言葉である。まさにいつの時代になっても不易の部分である。「分かる楽しい授業」を創造していこうとする情熱と実行力、子どもを思う愛情と人間力などは、今だからこそ、教師として大切にしなければならない必要な資質や能力なのではないだろうか。

今年になってNHKのプロジェクトXで近畿大学のまぐろの完全養殖成功の過程を取り上げていた。自分がほれ込んで教材にした方々がぞくぞくと登場してきたときは感無量であった。養殖まぐろを食卓に日常的に並べようとたゆまない挑戦をし続ける方々の話を聞きながら、

「またいつかどこかでこの方たちとともに授業がしてみたい。」

そんな気持ちがよみがえった。

◆社会に見られる課題の教材化

◆社会に見られる課題を把握して，その解決に向けて社会への
　関わり方を選択・判断する力，選択・判断したことを表現す
　る力の育成

Theme1
黒石に学び，黒石に育つ子どもたち

平成5年度4年実践　名古屋市立K小学校にて実践

Ⅰ　黒石に学び，黒石に育つ子どもたちとは

　Ｋ小学校20周年式典の日（平成5年11月28日），本学級の子どもたちは朝から，そわそわして来客を待っていた。

「先生，緑区長さんは何時ごろ来るの」

「Ｋさん（学区連絡協議会会長）も来るんでしょ」

　これは4年生の単元「きょうどを開く―黒石の開発―」の学習の足跡が，来賓控え室や式典会場などに掲示してあるからである。

　単なる掲示ではなく，『子ども黒石開発会議』で自分たちが考えた神沢池の今後を，緑区長や学区連絡協議会のみなさんに提案しているのである。

　式典が終わると「区長さん，ぼくたちの考えた神沢池を見てくれたかな」と期待する声。「Ｋさんも未来の黒石についてどんどん意見を出してほしいって，1学期の交通安全の勉強のとき，言ってたけど，未来の神沢池を見てどう思ったかな」「きっと，神沢池の自然を大切にしていこうと考えているよ」と，話し合う子どもたち。

　数日して，Ｋさんより，こんな返事をいただいた。

> 　みんなが，これほどまでに一生懸命，神沢池の今後について考えてくれてとてもうれしく思います。今年は学区創立20周年で忙しかったけど来年くらいから，神沢池の開発について真剣に取り組んでいきますね。

　子どもたちはこの返事を聞き，「もっとこれからも神沢池の現状をしっかり調べてＫさんに報告していこう」と決意を新たにしていた。

　「黒石の問題点を自ら発見し，探究し解決していく。さらに，将来の黒石を自分たちの手で提案していこうとする子どもたち」が「黒石に学び，黒石に育つ子どもたち」であると考え，本年度，実践に取り組んできた。

　この記録は，Ｋ小に転任して1年目の教師が子どもとともに地域をかけまわって調べ，実践したとまどいと学びの足跡でもある。

Ⅱ　実践を踏まえた基本的な考え方

1　子どもから学んだわたしの実践の欠点（4月～6月中旬）

　本校に赴任した4月。子どもを知るため，「3年生のとき，社会科の学習でどんなことが

81

心に残っていますか」と問い掛けてみた。

「S店に行って自分たちで買物したこと」とつぶやく児童がほとんどであった。子どもたちの経験を聞くと学校の外へ出かけ，学習するのが大好きなようだ。子どもたちの期待にこたえようと，4月から6月中旬まで，ごみの学習や消防の学習を進めた。

　ごみの学習では，ごみ博物館づくり，黒石のごみを集める環境事業局の人々へインタビュー，ごみ集積場所の調査，牛乳パックの紙すき体験，それを学区の人々にプレゼントし地域にリサイクルを広める場の設定など，単元全体に体験や調査活動を取り入れてきた。

　消防の学習でも，ホースをのばして消火栓の中を調べる活動，緑消防署の見学，黒石消防団との交流などを取り入れてきた。

　確かに子どもたちは社会科の学習に期待感をもつようになっていった。ところが黒石消防団との交流のため，集会所に向かうとき，次のようにつぶやくKY子に，はっとさせられた。「今日は，消防団の人にどんなお話を聞くの。消防署の人と同じ話なら，もう聞きたくないよ」

　その場は楽しいお話が聞けるからとつくろったが，数日間，KY子の言葉が自分の心に重くのしかかっていた。楽しいはずの学校から外へ出ての学習が，教師に動かされる調査活動になっている。子どもが自分の目的意識をもって動いていない。

　黒石消防団見学の際の，NN男の「また出かけるの，もう疲れたよ」という言葉がよみがえってきた。子どもと教師の間に意識のずれが生じている。教師のここの場面でこういう体験や調査活動を取り入れようという意識が強すぎて，子どもの思考の流れを十分把握していない一面があった。このままでは，教師に動かされる指示待ち人間を育てる学習を進めていることになる。これでは，地域の問題点を真剣に考える子どもたちには育っていかないのではないかと考えるようになった。

　2　自ら，地域をかけまわって学ぶ子どもたちにするために（6月中旬〜）

　そこで，6月から7月にかけて，教師の指示を待たずに，子どもたちが「地域の問題点を発見し，地域をかけまわって調べる」ことができる教材や学習展開を工夫することができないかと考えるようになった。

　教材については，子どもの興味や関心が喚起されるような，現在，地域で問題となっている事象を含む教材を工夫したいと考えた。

　また，子どもを自主的にする学習展開をわたし自身，こう考えた。

　授業後に子どもたちが調査してきたことを，「みんなの疑問がこれで解けたよ」「先生，〇〇について調べてきたよ」と次の日の授業で報告する。報告に基づいて，授業を構成

する。授業でその報告について話し合い，再び疑問点や不明な点がわかってくる。

　子どもたちは，さらに地域を実地調査したり聞き取り調査したりして，次の授業で報告し合い，みんなで検証していく。この連続によって，子どもたちは次第に自主的になり，地域をかけまわる調査活動に挑んでいく。そのとき，教師は常に一人一人の子どもが地域をかけまわる様子を把握し，支援をしていく。

以上の考えに基づき，6月中旬から夏休みにかけ，地域を丹念に調べ，教材を探し，次の2つの単元を構成した。

実践例1　「押しボタンと黒石の交通安全」（7月）
実践例2　「黒石の開発」（10月・11月）

Ⅲ 実践の内容

教師の指示を待たず，自ら地域の問題点を探っていってほしいと願った7月
実践例1　押しボタンと黒石の交通安全 (8時間完了)

1　実践のねらいと手だて

[ねらい　その1]　黒石の交通安全の問題に迫ることができるようにしよう。

　現在，地域で問題を引き起こしている押しボタン式信号機を教材として取り上げ，そこから，地域の交通問題に目を向けていくことができるようにする。

[ねらい　その2]　子どものこだわりや探究に即して調査活動ができるようにしよう。

　押しボタン式信号機が引き起こしている問題点（歩行者やドライバーのマナー，設置場所の適否）を発見し，グループごとにだれにどんなことを聞くとよいか，目的意識をもって調査へ向かうことができる学習展開にする。

2　実践の概要

第1時	押しボタンは黒石の交通事故を防ぐのに役立っているのかな。

　昨年通学路に設置された押しボタン式信号機（以下，押しボタンと略す）の写真を提示して，「この信号ができて何か変わりましたか」と問い掛けた。

　「安心して渡れるようになった」という意見が多い反面，「押さずに渡ったことがある」「無視する人や車を見たことがある」など，よくない面も出された。次第に「信号は交通事故を防ぐのに役立っていないのかもしれない」というつぶやきが聞かれた。

　子どもたちの考えを分類すると，

役立っていると考える子（21名）
はっきりわからないと答える子（4名）
役立っていないと考える子（11名）　　　　　　　となった。

　役立っていると考える子は，押せばほとんどの車が止まってくれて，安全に渡れる点を根拠にして，自分の意見を主張した。

　一方役立っていないと考える子は，ボタンを使わない人の実態や押せば安全だと思ってすぐ飛び出す人のことや止まらない車があることなどを根拠に反論している。

　結局，話し合えば合うほどわからなくなり，他のクラスの子どもにもアンケートをとって

調べることになった。家族や近所の人に聞いてみるとはりきっている子も出てきた。

| 第1時と
第2時の間 | 役立っていると考える人が多いけれど，役立ってないと考える人も結構いるぞ。 |

　一人一人が友達に聞き取り調査するアンケート大作戦が始まった。その結果，役立っていると考える子どもが55名，役立っていないと考える子どもが13名であることがわかった。

| 第2時 | 押しボタンはどうしてできたのかな。 |

　役立っていると考える子どもが多いことがわかった。だが，せっかく設置されたのに役立っていないと考える子どももいたので，何が問題なのか話し合ったところ，次の3つがあがった。（1）ドライバーのマナーの悪さ，（2）歩行者のマナーの悪さ，（3）押しボタンができている場所の悪さを根拠に役立っていないと考えていることがはっきりしてきた。話し合いが進むにつれ，「押しボタンが何のためにできたんだろう」ということになってきた。
　第3時は，どのように調査を進めていくと，3つの悪い点の実態がはっきりしてくるか，話し合うことになった。

| 第3時 | 家に帰ったら，交通指導員さんに聞き込みにいくぞ！ |

　だれにどんなことを聞いたら，信号の使い方の実態が明らかになるかを十分話し合い，表にしていった。調査への見通しが立った。1週間を調査期間として，授業を終えた。

| 第3時と
第4時の間 | 押しボタンは近所の人や学区の人たちの要望でできたんだって！ |

　次の日，早速，歩行者のマナーを調べる児童5人組が朝，調査してきたことをノートにまとめて見せに来てくれた。
　押しボタンがよく利用される時間帯，使い方の実態などを交通指導員さんから聞き取ってきたのである。さらに，隣の学区の交番で，押しボタンが学区の人の要望でできたことなどを聞き取ってきたのである。
　これに刺激されて，子どもたちは次第に家族に車に乗せてもらってドライバーのマナーを調べたり，通りがかりの地域の人にインタビューしてきたり，3つの観点から様々な調査をしてきた。（36名中30名が調査に向かう）

教師が強引に調査に向かわせることはやめようと心に誓っていたので，1週間調査してきた子どもに，朝の会のニュース発見コーナーで報告させ，他の子どもが調査へ向かうよう刺激してきた。しかし，とうとう調査に向かえなかった子どもが6人出てしまった。朝の会だけでなく，調査に向かうような働き掛けや支援の仕方をもっと工夫する必要があった。

第4時	押しボタンは，どうして今の場所につくられたのかな。

調査結果を基に，再度，「押しボタンは事故を防ぐのに役立っているのか」について，話し合うことになった。

話し合いが進むにつれて，ボタンを押す位置が歩行者にとって不便になっていることが明らかになり，子どもの疑問が，信号機のある位置に集中してきた。

そこで，押しボタンの設置を願い出た学区連絡協議会会長のKさんに聞き取り調査しようということにまとまった。

第5時	押しボタンには交通安全に対する地域の人々の願いがこめられているんだ。

Kさんを学校へ招いて，みんなの疑問を質問形式で解決させていくことにした。

K小の児童の安全な登下校や利用する住民の意見やドライバーのことも考えながら，押しボタンが今の場所に設置されたこと。さらに人命優先に設置されたこと。信号をつくるためにかかる費用や信号が警察や土木事務所など関係諸機関の協力でできたことなどを次々に聞き取っていった。

子どもたちの疑問がいっきに解決され，学区の新たな交通問題（道幅が狭いこと，路上駐車や交通量の増大に伴う危険など）を発見できる聞き取りとなった。

第6時〜 第8時	交通安全問題点マップをつくろう！

Kさんの話から学区全体の交通問題に目を向け始めた子どもに，「交通安全問題点マップをつくろう」と投げ掛けた。

10名の子どもは学区の交通標識を全て調べて「ここにこの標識がいるのでは」とか，「押しボタンの正しい使い方看板を設置する」などのアイデアを盛り込んだ地図を作成した。

しかし，残りの子どもは学習したことを表現するにとどまり，交通安全対策を提案するまでには至らなかった。Kさんへの聞き取りの後，学区全体の交通問題を調査する活動を取り入れたら，もっと多くの子どもが交通安全対策を提案できたのではないかと考える。

3　実践から学んだこと

○　押しボタンの使い方の実態を探っていくことをきっかけにして，地域の交通問題に目を向けていく子どもが多く出てきた。

　これは押しボタンが地域の交通問題を明確にする教材であったからであると考える。

○　押しボタンが引き起こしている地域の問題点を発見し，自主的に調査に向かい，新たな発見をしてくる子どもが30名みられた。これは，だれにどんなことを聞いたら，多分こんなことがわかるだろうという目的意識を子どもがもったためであると考える。

　しかし，学習展開の面で，次のような問題点があったと考える。

●　一人一人が地域をかけまわり，自分の考えをもって，次の授業に臨むという点から実践を見直すと，数名の調査に向かえなかった子どもの支援を工夫する必要がある。

●　交通安全問題点マップを作成させる前に再度，Kさんより聞き取った学区が抱えている交通問題を調査できるようにしたり，その調査結果を報告し合う場を設定したりすることが必要であった。

　以上のことから実践を振り返ると，次のような課題が残された。

　今後のよりよい地域の交通安全のあり方について，自分の考えを確かにもつというところまで至る子どもが少なかった。

　そこで，次の実践では一人一人が調査したことを基に，地域の今後について自分なりの考え（提案）を確かにもつことができるような学習展開の工夫をしていきたいと考えた。

1　実践のねらいと手だて

[ねらい　その1]　一人一人が地域をかけまわることができるように支援しよう。

　教師支援として学習意欲が停滞し，自分たちで調査することができなかった子どもに対し，
「学区の〇〇探検に行かないか」と働き掛ける。その探検結果の報告を授業の導入に位置付け，
授業を構成する。

[ねらい　その2]　調査したことを基に，黒石の今後について，自分の考え（提案）をもつこと
　　　　　　　　　ができるようにしよう。

　調査結果を基に，現在学区で話し合われつつある問題「神沢池が必要かどうか」について
話し合い，「神沢池をこうしたい」という考えを絵に表現する。さらに，その絵を基に『子
ども黒石開発会議』を開き，自分の考えを確かにもつことができるようにする。

2　実践の概要

第1時〜第3時	自然がいっぱいだった黒石を宅地にしていったのはなぜだろう。

　第1時は開校以前の学区を絵に表現し，学校ができる前の様子について予想を話し合った。
だれに聞くとはっきりしてくるか，調査への見通しをもたせ，第1時と第2時の間で一人一
人が地域をかけまわることをめざした。

　多くの子どもは家庭に聞いてきただけであったが，ＳＯ子とＹＨ子は学区の 15 軒の人た
ちに移住年とそのときの印象を聞いて年表にまとめてきた。それを朝の会で紹介したところ，
他の子どもを大いに刺激するところとなった。

　次の日，学区の人にも聞いてきた子どもがどんどん出てきたが，だれにも聞けずに困って
いる子どもも6名いた。

　そこで，この6名に「学区の昔探検に行かないか」と声をかけ，『昔探検隊』を結成した。

　学区の昔が残るところ（神沢池周辺とねんど山）を一緒にビデオカメラを持って歩き回り，
第2時の昔探し発表会に備えた。『昔探検隊』は朝から「早くビデオ見ようよ」と期待に胸
をふくらませていた。

　第2時は，この撮影したＶＴＲの提示から『昔探し報告会』を始めた。学区の昔について
不明な点を，学校近隣の幼稚園の園長先生（戦前から黒石に住んで開発に携わってきたＩさ

ん の長女）に尋ねようということになった。

　第3時は，園長先生を学校へ招き，戦前から戦後にかけての黒石の様子を，質問形式で聞き取っていった。子どもたちは，「山とため池と田畑ばかりだった黒石が，いったいどのように宅地になったのか」と，黒石の変化に興味や関心をつのらせた。

第4時〜第8時	黒石を開発したIさんの苦労や努力がわかったよ。

　第4時〜第5時は，黒石山にため池や田畑をつくった先人の働きを教師支援による『ため池探検隊』の報告を基に探究していった。

　第6時〜第7時は，伊勢湾台風以後，荒れ果てた黒石の宅地開発を名古屋市に陳情したIさんらの思いや働きを，『Iさん宅探検隊』の報告を基に探究していった。

　そして，第8時は黒石ものはじめ年表をつくった。さらに将来の黒石年表をつくるため，学区に対する人々の不満を探る『不満探検隊』を結成し，学区に全員がとび出していった。

第9時	神沢池の今後について，みんなで考えていきたい。

　第9時は聞き取りの結果を発表させていき交通問題，環境問題，神沢池の問題などに分類していった。子どもたちの不満は，遊び場や施設の問題，神沢池の問題に集中した。大人たちの不満は，全てにわたっていた。

　ここで，今後の黒石を神沢池の開発を通して考えていこうと教師側から投げ掛けた。

　これには，3つの意図があった。

　1つは，現在学区でどうしていこうと話し合われつつある問題だからである。

　2つめは，第1時から，神沢池を含むため池の過去から現在までを学習して，そこにひそむ先人たちの思いや働きをとらえたり，神沢池の現状に対する不満を子どもたちがたくさんもっていたりしたからである。

　3つめは，池の未来を考えるということは楽しいことであり，環境教育の観点からも大切なことであると考えたからである。

　子どもたちも，早速反応し，「神沢池がもっとこうなるといい」という意見が個々につぶやかれるようになった。

第10・11時	みんなが喜ぶ神沢池の将来をわたしはこう考えます。

　昔からの神沢池の役割を振り返り，今後の神沢池をどうしていくのかを話し合うことに

よって，今後の地域の在り方を考えることができるようにしたいと考えた。

　そこで，第10時には，学区の将来にかかわる現在話し合われつつある問題「神沢池は必要な池か，いらない池か」をぶつけてみた。

　子どもたちはすばやく反応し，必要であると考える子ども（21名）と，もういらないと考える子ども（15名）にわかれ，話し合いが始まった。

　必要派は，自然優先，学区に残った先人たちの遺産，雨水処理という根拠をもって意見を述べ，話し合いを優勢に進めていった。

　一方，いらない派は遊べないこと，ごみだらけという現状に対する不満から意見を述べていった。どちらの考えも今まで調査活動をしてきてつかんだ事実を基に発言している。

　最後に描いた神沢池をこうしたいという絵を分析すると下の3つにわかれた。

> 今の自然をそのまま生かすタイプ
> 自然と人間の快適な生活を調和させたタイプ
> 埋め立てて，新しいものをつくるタイプ

　第11時は3つのタイプの代表者が提案し，特に，「埋め立てて野球場や温水プールをつくる」という考えに対してどう思うかについて話し合いがなされた。この考えがつぶされそうになったところで，学区連絡協議会で検討されている考え「池にふたをして，その上をゲートボール場にする。雨水はその下にたまり，川を通って要池に流す」を絵にして提示した。

> 賛成……10名　　反対……25名
> ＭＨ男　賛成で，お年寄りに楽しんでもらえてよい。生きものは下の要池に移せばよい。
> ＡＳ男　ふたをしたら生きものがかわいそうだ。
> ＫＹ子　反対で，ゲートボールというのはお年寄りだけしか楽しめないし……。
> ＴＭ男　ちょっと反対で，1／4だけふたをして，そこをゲートボール場にしたらよい。

　埋め立て派が，息をふきかえすかのように「学区だって，お年寄りのために池にふたをしようとしている」と賛成意見を述べていった。一方，池の自然をそのまま生かす派からは「ふたをしたら，埋め立てることと同じだ」と反対意見を出していった。さらに，話し合いが進むにつれ，ゲートボール場をつくることに対し，みんなの神沢池という点から反対を主張する子どもが増えていった。また，自然保護，学区の人々など様々な立場を考え，池に部分的

にふたをするという新たな提案をする子どもも出てきた。

3　実践から学んだこと

○　教師と共に探検隊を結成したことは，今まで調査活動の進まなかった子どもを授業の主役にし，一人一人の探究心を高める効果があった。

○　『子ども黒石開発会議』では，多くの子ども（36 名中 26 名）が自分なりの意見を活発に発表できた。これはいくつかの調査活動によって，昔の神沢池を知ったり，神沢池の現状にいきどおりを感じたり，せっかくつくったため池や田畑をつぶさざるを得なかった先人の思いや働きなどをとらえたりしていったためであると考える。

○　調査活動後に，学区で現在検討されようと動き出している問題「神沢池が必要かどうか」について話し合ったことは，たとえわずかとはいえ「自分たちで将来の黒石をつくるんだ」という意識をもつことにつながったと考える。

●　しかし，これは問題を教師が設定したためである。またしても，地域の問題を投げ掛けるような働き掛けをしなくてはならない状態になってしまった。子ども自身が地域の問題を見付け，自分の考えを提案できるような学習のあり方を今後も探っていく必要がある。

Ⅳ　今後の実践に向けて

　子どもたちに自分の実践の欠点を教えられ，教師自身も地域をかけまわり懸命に単元づくりに挑んできた。

　さらに，子どもたちが自主的に地域をかけまわることができるように，子どもの探究の方向にそって，教師が支援していくような柔軟な構えで授業を構成していった。

　そうした積み重ねによって，教師の指示を待って動いていた子どもが，地域の学び方を知り，自主的に探検隊を組織して動き出す。更に，将来の地域を提案できるまでになった。

　しかし，「黒石の開発」の実践でいえば，「神沢池をどうするといいか」という問い掛けが子どもから生まれてくるような展開を望んでいた。だが結局，教師が問題を投げ掛ける形になってしまった。

　もし，単元のはじめに，神沢池が埋め立てられようとしている事実を提示して，「神沢池が必要かどうか」という問題を位置付けたとしたらどうなっただろう。子どもはそれまでの知識を基に，まず，自分なりの考えをもつだろう。そして，『子ども黒石開発会議』（一人一人の考えの交流の場）を何度か設定することによって，より必要感を感じて，地域をかけまわるだろうと考える。そして，調査活動によって得た事実は，神沢池開発に対する子どもの考えに直接結びついてくる。

　このように，目の前の現実問題をめぐって一人一人が自分の考えを提案し合い，そして，

自分の考えを裏付けたり，深めたりするために必要感をもって再び，地域をかけまわる。その過程は現状の認識にとどまらず，将来のあり方までも追究しようとするものになる。

こうした学習のあり方が，真に「地域に学び地域に育つ子ども」を育てることにつながると考える。このような考えに立ち，本年度の実践を更に見直し，深めていきたい。

◆社会に見られる課題の教材化

◆社会に見られる課題を把握して，その解決に向けて社会への
関わり方を選択・判断する力，選択・判断したことを表現す
る力の育成

Theme2
日本の産業を憂える子どもたちとのあゆみ
—21世紀の産業の発展と生活のあり方を
探究し続ける子どもたちをめざして—

平成6年度5年実践　名古屋市立K小学校にて実践

Ⅰ　平成米騒動に不安をつのらせる子どもたちを目の前にして

　一日の勤務を終え，テレビのスイッチを入れると，どのニュース番組でも報道されている「平成コメ騒動」。「これから，日本の米づくりはどうなっていくのだろう」そんな心配をしながら，新学期を迎え，５年生を担任することになった。

　４月中旬，朝の会のニュースタイムでＡＳ男がタイ米と国産米を実際に見せながら形や味の違いを発表し，米の輸入に対しての自分の考えを述べた。「今年は米不足で輸入は仕方ないが，来年は国内で米をつくってほしい」と，日本の米づくりに期待を寄せた。

　それ以来，給食で米飯が出るたびに「平成米騒動」が教室のあちらこちらで話題になった。「給食も輸入米になるのかな」「新潟でコシヒカリをつくっているおじいちゃんが外国から米が入ってきたら，日本の米が売れなくなるかもしれないって言っていたよ」と子どもながらに影響を話し合うＫＷ子たち。

　わたしと同じように，子どもたちは米騒動に不安をつのらせていた。

　こうした子どもたちを目の前にして，米の輸入問題の教材化を試みようと，作戦づくりが始まった。まず初めに思考の流れを想定した。

　子どもたちは，米の輸入（日本の農業が抱える緊急課題）に直面したとき，「日本の米づくりは大丈夫かな」「米づくり農家は今後どうなっていくのかな」と，不安感や危機感をもち，日本の米づくりを憂えるだろう。そして，米づくり農家，消費者，政府などが，この課題を乗り越えるために，どんな取り組みをしているのか，また今後どのようにしていこうとしているのかを，広く聞き取る必要性があることに気付くであろう。さらに収集した情報を交換し合いながら「２１世紀に向けて日本の米づくりをこうしていくべきだ」と，望ましい米づくりの発展と生活のあり方を探究し続けていくだろう。

　そして，産業が抱える緊急課題を軸にして思考を深めていく基本的な学習の流れを次のように考えた。

課題を引き寄せる

日本の産業が抱える緊急課題を含む生産物にふれ，課題を身近に引き寄せ自分の考えをもつ。

課題の波紋を調べる

生産者，消費者，行政機関などから課題に対する考えやその影響を取材し自分の考えを確かめたり，修正したりする。

課題を討議する

調査結果を基に課題について話し合い，産業の発展と生活のあり方について，自分の考えを深める。

産業の発展と生活の
あり方を探究し続ける子

産業を憂える子どもたちが，21世紀に向けて，望ましい産業の発展と生活のあり方を探究し続ける子どもたちとなってくれる日を夢見ながら，わたしの実践がスタートした。

Ⅱ　米実践の失敗から基本的な学習の流れを修正する（4月中旬〜6月中旬）

米騒動について知っていることを話し合った後，「米がこれからどんどん外国から入ってくることに対してどう思いますか」とこちらから問いかけてみた。輸入米を食べた経験のあるＴＳ男が「まずいから反対だ」と口火を切り出す。「わたしはおいしいと思ったよ」と反論するＫＭ子。話し合いは続いたが「米を食べる人にとってどうか」という消費者レベルでの意見が多く，そこから一向に進展しない。朝の会で発表したＡＳ男やＫＷ子が米づくり農家を心配する意見を出すが，みんなの心を揺さぶらず，再び「まずい」「おいしい」と話し合いは続く。日本の米づくりへの危機感とか不安感をもつに至らず大失敗。次の学習への展開の糸口が見つからず，とにかく，自分の家で食べている米の産地調べ，米袋集め，新聞の切り抜きなどを始めるよう指示した。

「クラスのみんなが食べている米の産地調べ」をして，学級の19名もの友達が輸入米を食べている事実がわかったとき，子どもたちはいちばん驚いた。掲示板に並んだ輸入米の袋を初めて見て，驚く子どもたちもいた。

このとき，はっとさせられた。「米の輸入についてどう思いますか」と問いをぶつける前に，もっと自分たちの生活と輸入米とのかかわりを調査させる必要があった。調査を通して，「米がこのまま次々と外国から輸入されたら，日本の米はどうなるんだろう，農家は困らないのだろうか」という日本の米づくりを憂える問いが，多くの子どもから

　子どもたちに「米の輸入についてどう考えるか」と問いかけ，しきり直しである。まず家族や知り合いからアンケート調査してくるように支援した。

　調査結果の報告会では，ＹＫ子は家で実際にタイ米を試食し，「国産米と味はそんなに変わらないよ。輸入賛成！」と意見を述べた。値段の違いに目を向けたＭＴ男は，米屋で調査し，「こんなに安い米が外国から次々に入ってきたら，日本の米が売れなくなる」と主張した。ＹＨ子は「食べる人の好みがあるから，それほど心配はない」と反論した。

　これ以後，自分の主張の根拠となる事実を求めて，近所の家庭や学区の米屋を，日曜日一日かけて取材するようなＭＦ男たちも出てきた。他の子どもたちも，これに刺激されて再び調査に向かうが，消費者や米屋以外に取材の広がりは見られず，結局，米の輸入について再度話し合っても，同じような根拠で話し合いが続き，堂々巡りを繰り返し，再び大失敗。

　そこで，米づくり農家への聞き取りを支援することにした。集めた米袋を頼りに全国の米づくり農家へ手紙を書いたり，電話で問い合わせたりする子どもたち。手紙で調査を依頼した三重県の農家・Ｓさんからは「おいしいからみんなで試食して下さい」と手紙と一緒にコシヒカリが届いた。

　無農薬米を生産している福井の農家・Ｔさんはアメリカの米は農薬が一杯であることを強調したパンフレットを送ってきた。これには子どもたちも刺激された様子だった。他にも，子ども向けマンガ『庄内平野の米づくり』を送ってくれた農協など，生き残りをかけている米づくり農家の工夫や努力を子どもたちはひしひしと感じ取っていった。

　その後，「米の輸入についてどう考えるか」を主題にコメサミットを開いた。子どもたちは無農薬のおいしい米づくりで自給率を高めていくべきだとする輸入反対派，輸入米を正しく理解し，国産米と調和していこうとする少しずつ輸入派，世界の国々と仲良くしていくためには積極的に進めていくべきとする輸入賛成派などに分かれて，意見を戦わせた。

米づくりの発展と生活のあり方を考える白熱した討論会となった。

本実践の失敗を踏まえて，次からの実践へのチャレンジ目標を定めた。

チャレンジ１：課題を引き寄せる段階で

　　緊急課題の発見につながるような問いが子どもの側から生まれてくるように，子どもの生活と緊急課題との結びつきを調査するなどの展開上の工夫を試みる。

チャレンジ２：課題の波紋を調べる段階で

　　調査への見通しをもつことができるようにどんな観点からだれに何を聞けばよいかを話し合う場や支援を考え，工夫していく。

　この２点を修正した学習の流れを考えれば産業の発展と生活のあり方を自ら探究し続ける子どもの育成につながっていくと考えた。

産業の発展と生活のあり方を探求し続ける子

課題を引き寄せる；チャレンジ１

　　日本の産業が抱える緊急課題を含む生産物にふれ，<u>課題と生活とのかかわりを調査</u>する。<u>課題につながるような問いを発見し</u>，課題を身近に引き寄せ，自分の考えをもつ。

課題の波紋を調べる：チャレンジ２

　　<u>自分の考えを調べる計画を立て</u>，生産者，消費者，行政機関などから課題に対する考えやその影響を取材し自分の考えを確かめたり，修正したりする。

課題を討議する

　　調査結果を基に課題について話し合い，産業の発展と生活のあり方について，自分の考えを深める。

　チャレンジ１を試す実践例１では，緊急課題を引き寄せるまでの過程を，チャレンジ２を試す実践例２では引き寄せた以後の過程について重点的に述べていきたい。

Ⅲ　修正した学習の流れで挑戦する

> **チャレンジ１を試みる**
>
> 　緊急課題「マグロの大量消費と国際批判」の発見につながる問いかけが子どもたちから生まれてくることを願った６月中旬〜７月

:::
実践例２　これからの水産業—マグロの大量消費をどう考えるか—（７時間完了）
:::

1　わたしの作戦とめざす子ども像（資料11）

　子どもたちがマグロの「体のしくみ」「産地や輸送方法」など，調べたいという願いをもつことができるように，新聞の鮮魚欄を知らせたり，実物を提示したりする。

　調べてみたい項目にそって，生活とマグロの結びつきを調査する活動を取り入れる。その際，子どもたちの動きを常に把握し，情報交換の場（ここでは朝の会や，調査一覧表の作成など）を保障し，全員が調査に向かうよう支援する。調査結果を報告する会で，次の学習への問い（マグロの輸入先や消費量や獲り方など）を見つけることができるように，報告会での授業構成を考える。見つけた問いから，緊急課題「大量消費と国際批判」の発見につながるような問いへ発展できるように，一人一人のこだわりや探究に即した取材先や資料を学習環境として用意する。緊急課題を発見できた子どもに，さらに取材活動を支援し調査できるようにすることで，21世紀のマグロ漁業の行方と大量消費生活のあり方を探究し続ける子どもを育てていきたい。

2　実践から学ぶ

実践前	魚介類に関心の高いＭＳ男に注目

　社会科の授業ではほとんど人前で発言することのないＭＳ男。しかし，魚介類のことはとてもよく知っている。ＴＵ男が朝の会のニュースタイムで，冷凍のインドマグロが常にいちばん高いことを報告したときのことである。

　ＭＳ男はマグロの産地が「東京であることはおかしい」と発言し，「きっと，どこかから東京の港や空港に運ばれて名古屋に来るんだろう」と予想した。マグロの値段や産地に関心をもち始めたＭＳ男。それ以後も，ＭＳ男は毎日，鮮魚欄を切り抜いてきて，教師に朝いちばんに見せ，マグロの値段や産地の動きなどを報告し，朝の会で発表し続けた。

　このＭＳ男の動きを軸にして，子どもたちの様子を見守りながら実践を進めていった。

| 第1時 | マグロの実物提示 |

マグロの実物提示から始まった授業。しばらく思い思いに観察したり，触ってみたりしていた。「先生，このマグロをどこからもってきたの」「どれくらいの重さなの」「値段は」「トロはどのへん」「何マグロなの」……。

教室中，大騒ぎ。知り合いの寿司屋の方に調達していただいたキハダマグロであることを知らせた後，マグロについて調べてみたいことを話し合った。子どもたちの調べてみたいことは，「大きさや重さ」「体のしくみや種類」「値段や調理法」「とれる産地や輸送方法」「とり方」など様々であった。ＭＳ男が調べたいことは「重さは？　値段は？　どこでどうやってとれたの？」と，多岐にわたっていた。

マグロについて，どうやったら調べられるかを話し合い，どこへ行って，どんな質問をしたらよいかなど，一人一人が調査計画を立て，１週間を調査期間として本時を終えた。

| 第1時と
第2時の間 | マグロと自分たちの生活とのかかわりを調査 |

調べてみたい項目にそって，学区に飛び出していく子どもたち。ＭＳ男はアピタの魚屋へ聞き取りにいった。ホンマグロが高いこと，種類や1時間に進む距離や，どこを回遊しているかなどを聞き取ってきた。

調査に自力で向かえそうでないＳＡ男，ＨＲ子などはその子の調べてみたいことや，友達関係をみてグループ調査できるように支援した。

Ｍ店，Ｓ店などで調査したＩＫ子グループはマグロの体のしくみや特徴などを聞き取ってきた。質問してもわからない部分は店の人に中央市場に電話してもらって聞き取ってきた。おみやげにマグロの黒身までもらってきた。

調査へ向かわない子どもたちを刺激するため調査してきた子どもの取材先や調査内容をそのつど，一覧表にして配ったり，朝の会でそのときの様子を報告したりできるよう支援した。

全員の子どもたちが様々な調査を実施し，調査報告書にまとめてきたところで，それを製本して，全員に配付した。

報告会で次の学習への問い（マグロの輸入量や消費量，獲り方など）を見つけることができるように発表順や一人一人の調査を生かす場面をどこに設定するかなどを，一覧表にまとめ，調査報告会の授業に臨んだ。

| 第2時 | 第1次調査報告会 |

まず最初に，マグロとはどんな魚か全員で共通理解を図りたいと考えた。「種類や大きさ，

体のしくみ」という観点から，発見したことをどんどん発表できるようにした。ＭＳ男は「マグロは100キロのスピードで回遊している」ことを発表し，みんなを驚かせた。

「値段」「人気度」「調理法」「産地，輸送のしくみ」「とり方」と，様々な観点から発表は続いた。自分が調べた観点になると，はりきって発表する子どもたち。

調査したことが出そろったところで，新たな疑問，さらに調べてみたいことを発表し合った。

大きく分けて，「マグロの輸入先」「遠洋漁業」「はえなわ漁」などについてもっと詳しく調べたいという子どもたちがいる一方で，「マグロの生態」について調べたいという子どもたちも多くいた。

社会科の授業としては，「産地，輸送のしくみ」「とり方」に目が向いていってほしいという願いをもっていた。

マグロの生態に目が向き始めた子どもをどのように生かし，支援していくか。また，全員の子どもたちをどのように緊急課題「大量消費と国際批判」に，向かわせていくか，糸口が見つからず，悩む日々が続いた。

わたしが集めた資料を何度も見直していると，マグロ養殖に取り組んでいる近畿大学水産研究所の存在を発見した。ここは，マグロ養殖に取り組んでいる世界的にも珍しい研究機関である。

「マグロの生態」にこだわる子どもたちには養殖の追究を支援できるようにしていったらよいのではとひらめいた。教師の支援計画ができてきたところで，再び文献や整備した学習資料コーナー，調査先一覧表を活用しての第２次調査が始まることになった。

第2時と第3時の間　緊急課題の発見につながる第2次調査

ＭＳ男は「マグロは100キロのスピードで泳いでどうやって子どもを産むのか」という疑問をもっていた。この，ＭＳ男への支援として近畿大学水産研究所への電話取材を考えた。ここへ取材させれば，この疑問を解決できると同時に，マグロ養殖の現状を知ることができると期待した。ＭＳ男の電話取材に対して，電話ではわかりにくいからと，マグロの養殖についてのビデオテープを送ってくれた岡本さん。これを視聴したＭＳ男はマグロを育てることの難しさを知った。（資料23）

| 第3時 | 緊急課題の発見 |

「マグロを育てるのは，とても難しいそうです。そんなことに気付かないで今までマグロを食べていました。そのことについてみなさんどう思いますか」と岡本さんから借りたビデオを視聴しながらみんなに訴えるＭＳ男。「このままだとマグロがいなくなってしまうのでは」と心配する声がつぶやかれる中で，「日本人の食文化だから仕方ない」「苦労して獲っているんだから別にいいじゃないか」という意見も出された。

また，中央卸売市場に勤める級友のお母さんから，マグロの輸入量について調べたＹＫ子は，「クロマグロは日本で６割も消費している。野生動物保護という点で外国から食べすぎだといわれている」と発言した。これを受けて，「日本ばかり，マグロを獲ったり，輸入したりして，こんなに食べてもいいのか」というマグロの大量漁獲や大量消費を憂慮する意見が多く出された。緊急課題「大量消費と国際批判」につながる問いの発見である。広く消費者，生産者，外国の人々などの意見を集める必要性を感じ再度調査が始まった。

| その後の追究 | 緊急課題発見以後 |

焼津漁業協同組合と日本鰹鮪漁業協同組合連合会へ国際批判の現状を，新東京国際空港へ輸入の現状を，近畿大学へは養殖の実用化のめどとマグロの生態の様子を手紙取材。消費者がマグロの大量消費をどう考えているかをアンケート調査。返事や同封されてきた資料を基に子どもたちの探究は続いた。

調査結果を持ち寄って再度，話し合い。ＭＳ男は「養殖の難しいマグロを乱獲して食べすぎてはいけない」と判断する。

「どのように水産資源を育てていくか，どのようにして海を守っていくか，世界中が理解し合うことが大切」と意見を述べるＤＭ男。

子どもたちの意見は様々であるが，育てる漁業の大切さ，資源管理の重要性，大量消費型の自分の生活を見直す子どもが多くみられる結果となった。

緊急課題の発見以後，一人一人が自分の関心のある観点を基に今後の自動車工業の発展と生活のあり方を探究し続けていってほしいと願った10月・11月

実践例3　これからの自動車工業―ディーゼルエンジン車をどうすべきか―（10時間完了）

1　わたしの作戦とめざす子ども像

　海外研修でオランダに出向いた際，日本人学校のオランダ人講師から「地球の温暖化を深刻に受けとめ，ディーゼルエンジン車を規制すべきだ」という話を聞いた。この話がヒントになって，本実践の糸口がひらめいた。

　緊急課題「ディーゼルエンジン車をどうするべきか」の発見以後，これからの車づくりや車社会の望ましい方向を調べることができるように，追究の観点を話し合う場を保障する。そのとき，だれにどんなことを取材すれば課題に対する考えやその影響を明らかにすることができるかについても話し合う。そして，観点別グループに分かれ調査計画を立てることができるように「調査活動ヒント一覧表」を基に支援する。さらに，調査結果を持ち寄って，情報交換し合う中で，21世紀に向けて，環境を配慮した自動車工業と生活のあり方を探究し続けていこうとする子どもを育てていきたい。

2　実践から学ぶ

第1時〜第3時　調べる計画づくりまで

　ディーゼルエンジン車から出る排出ガスの提示から始まった授業。

　排出ガスの生活への影響を調べる体験・調査活動に取り組んだ。

　「ディーゼルエンジン車をすぐなくすべきだ」「いや，トラックやバスなどは生活になくてはならない」と話し合いが始まった。話し合いが進むにつれて「ディーゼルエンジン車はこのままでよいのか」という問いにつきあたり，自分の考えをもち始めた。

　だれにどんなことを聞くと，この課題に対する考えやその影響が明らかになるかを話し合い，その結果を基に「調査活動ヒント一覧表」を作成していった。

　具体的には排出ガスにこだわる子どもは（1）「車と環境問題」，電気自動車などにこだわる子どもは（2）「車づくりの工夫・努力」，生活と運輸にこだわる子どもは（3）「トラック輸送」，ディーゼル車の人気などにこだわる子どもは（4）「人々の車の好み」という4つの観点から，広く調査して考えていく必要があるという結論に達した。自分の関心に基づいて観点別グループに分かれ，具体的な調査先や文献を収集し活動計画を立てた。

第4時〜 第9時	観点別調査活動

（1）「車と環境問題」という観点から探る子ども

　ディーゼルエンジン反対を主張するＡＫ子は車の排出ガスの影響をもっと調べて自分の考えを証拠立てようと酸性雨のことを探究した。本を調べる中で「環境庁に手紙取材したい」と言い出した。環境庁の考えを知り，自分たちの車に頼る生活を見直し始めた。

　地球環境と排出ガスの関係を調べているＴＵ男は「先生が行ったオランダの環境問題を手紙取材で明らかにして，みんなに広めたい」と言い出した。オランダ政府の排出ガスに対する取り組みを聞き取ることに成功した。

（2）「車づくりの工夫・努力」を調べる子ども

　車づくりの工夫や努力を追究して，この課題に対する考えや影響を調べているＤＭ男は，「トヨタがリンバーンエンジンなど開発して地球にやさしい車づくりを志向している」ことを販売店取材より明らかにしてきた。

　トラックやバスと同様に，排出ガスが気になったＲＶ車（レクリエーショナル・ビークル）について調べているＫＫ男は，ＲＶ車の爆発的な人気に伴っての軽油から無鉛ガソリンでの可動，電気自動車化など環境に対する企業の努力を聞き取ってきた。

（3）「トラック輸送」について調べる子ども

　自分の父親が運輸業に携わるＳＯ子は，お父さんの会社を訪問し，様々な資料からトラック輸送の大切さを訴える準備をしてきた。

（4）「人々の車の好み」について調べる子ども

　ディーゼルエンジン車の普及状況を調べるＡＳ子は，ガソリンスタンドで，ディーゼルエンジン車の人気度調査を実施し，軽油の安さがディーゼル車を普及させている原因であることをつかんできた。

第10時	21世紀の車サミット

　「21世紀の車づくり，車社会を考える」と題した会議が，調査結果を持ち寄って始まった。ＮＮ男はディーゼルエンジン反対運動を提案した。トラック輸送の現状について調べたＳＯ子グループと真っ向から対立した。

　酸性雨の被害が世界各国に広がっている現状を報告して，「地球環境を守るため，ディーゼルエンジン車をすぐなくす努力をすべきだ」と主張するＮＮ男。

「トラックがなかったらわたしたちの給食も届かないんだ，運輸業に携わる人はどうなるんだ」と反論するＳＯ子。

　また，車をつくる人々の工夫・努力を調べたＤＭ男は地球にやさしいリンバーンエンジンや電気自動車の現状を報告し，これからの車づくりの方向を提案した。その後「ディーゼルを使うのは，トラックやバスなどどうしても必要なものだけにして人間の楽しみを優先したＲＶ車をなくすべきだ」「ガソリンより軽油を高くすれば，ディーゼルは自然に減っていくはずだ」「オランダのように自転車道を整備して，街から車を締め出したり，駐車場をなくすべきだ」「地下鉄やバスを利用するよう努力したらどうか」と，提案が続出した。結論は出ないが消費者，車をつくる人，政府などがそれぞれの立場で努力すべきことや，21世紀に向けて環境をこれ以上悪化させないような地球規模での協力体制づくりの方向も提案された。たとえば，中国に酸性雨を降らさないよう日本の技術を提供するなどである。これからの車づくり，車社会の発展の方向性やライフスタイルを考えることができた話し合いとなった。

　今後は調査結果を基にした話し合い（ここでは21世紀の車サミット）をどんな観点からどのように設定していったら，さらに探究し続ける子どもが育つか実践を深めていきたい。

Ⅳ　実践を振り返って

　12月中旬，学区の方に年賀状を書く際，ＭＳ男が「先生，今年授業で手紙を出したところにもお礼をかねて年賀状を書こうよ」と，ささやきかけてきた。さっそく，手分けして全国各地とオランダへ再度の礼状を書いた。

　12月21日。再び三重の農家・Ｓさんから今年とれたコシヒカリと大空の新米が届いた。

> 　手紙を通してあらゆる調査活動ができたことが本実践を支え，子どもたちの緊急課題に対する探究心をかき立てた。そして，わたしがめざす「21世紀の産業の発展と生活のあり方を探究し続ける子どもたち」に近づけた。

　産業の発展がもたらした豊かさの一方で，貿易摩擦，環境破壊をもたらしていることも十分考慮しながら，これからの社会を築くことができる子どもを，今後も育てていきたいと考える。

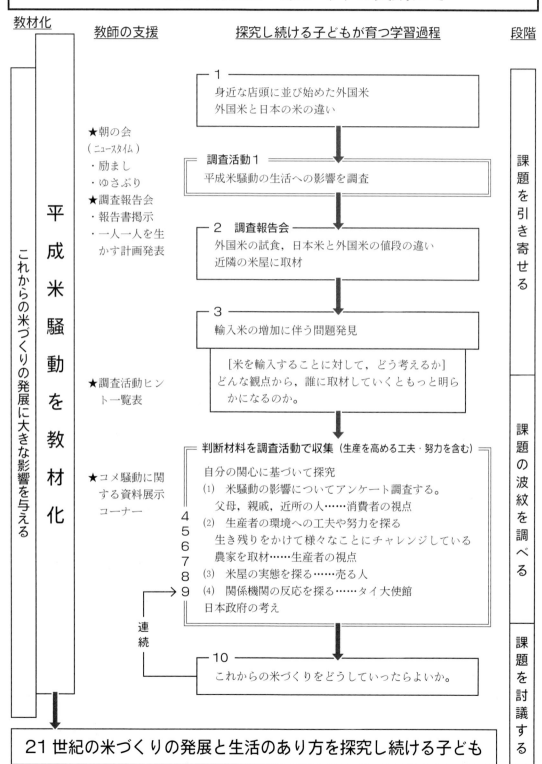

★5年　産業学習構想図　米づくりの実践にて

| 教材化 | 教師の支援 | 探究し続ける子どもが育つ学習過程 | 段階 |

これからの米づくりの発展に大きな影響を与える

平成米騒動を教材化

★朝の会
（ニュースタイム）
・励まし
・ゆさぶり
★調査報告会
・報告書掲示
・一人一人を生かす計画発表

1
身近な店頭に並び始めた外国米
外国米と日本の米の違い

調査活動1
平成米騒動の生活への影響を調査

2　調査報告会
外国米の試食，日本米と外国米の値段の違い
近隣の米屋に取材

課題を引き寄せる

3
輸入米の増加に伴う問題発見

[米を輸入することに対して，どう考えるか]
どんな観点から，誰に取材していくともっと明らかになるのか。

★調査活動ヒント一覧表

★コメ騒動に関する資料展示コーナー

判断材料を調査活動で収集（生産を高める工夫・努力を含む）
自分の関心に基づいて探究
(1)　米騒動の影響についてアンケート調査する。
　　父母，親戚，近所の人……消費者の視点
(2)　生産者の環境への工夫や努力を探る
　　生き残りをかけて様々なことにチャレンジしている
　　農家を取材……生産者の視点
(3)　米屋の実態を探る……売る人
(4)　関係機関の反応を探る……タイ大使館
日本政府の考え

4
5
6
7
8
9

課題の波紋を調べる

連続

10
これからの米づくりをどうしていったらよいか。

課題を討議する

21世紀の米づくりの発展と生活のあり方を探究し続ける子ども

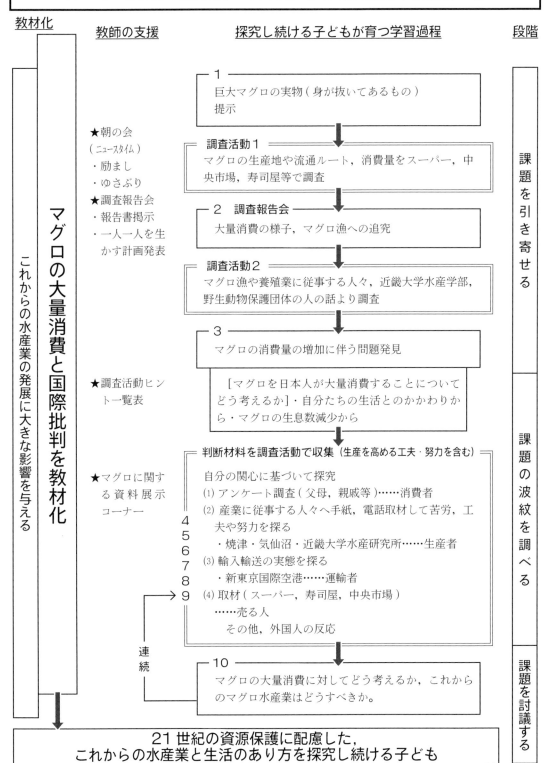

★5年　産業学習構想図　これからの水産業の実践にて

教材化	教師の支援	探究し続ける子どもが育つ学習過程	段階

1
巨大マグロの実物（身が抜いてあるもの）
提示

★朝の会
（ニュースタイム）
・励まし
・ゆさぶり

調査活動1
マグロの生産地や流通ルート，消費量をスーパー，中央市場，寿司屋等で調査

★調査報告会
・報告書掲示
・一人一人を生かす計画発表

2　調査報告会
大量消費の様子，マグロ漁への追究

調査活動2
マグロ漁や養殖業に従事する人々，近畿大学水産学部，野生動物保護団体の人の話より調査

3
マグロの消費量の増加に伴う問題発見

★調査活動ヒント一覧表

［マグロを日本人が大量消費することについてどう考えるか］・自分たちの生活とのかかわりから・マグロの生息数減少から

★マグロに関する資料展示コーナー

判断材料を調査活動で収集（生産を高める工夫・努力を含む）
自分の関心に基づいて探究
(1) アンケート調査（父母，親戚等）……消費者
(2) 産業に従事する人々へ手紙，電話取材して苦労，工夫や努力を探る
　・焼津・気仙沼・近畿大学水産研究所……生産者
(3) 輸入輸送の実態を探る
　・新東京国際空港……運輸者
(4) 取材（スーパー，寿司屋，中央市場）
　……売る人
　　その他，外国人の反応

4 5 6 7 8 9

連続

10
マグロの大量消費に対してどう考えるか，これからのマグロ水産業はどうすべきか。

課題を引き寄せる

課題の波紋を調べる

課題を討議する

マグロの大量消費と国際批判を教材化

これからの水産業の発展に大きな影響を与える

21世紀の資源保護に配慮した，これからの水産業と生活のあり方を探究し続ける子ども

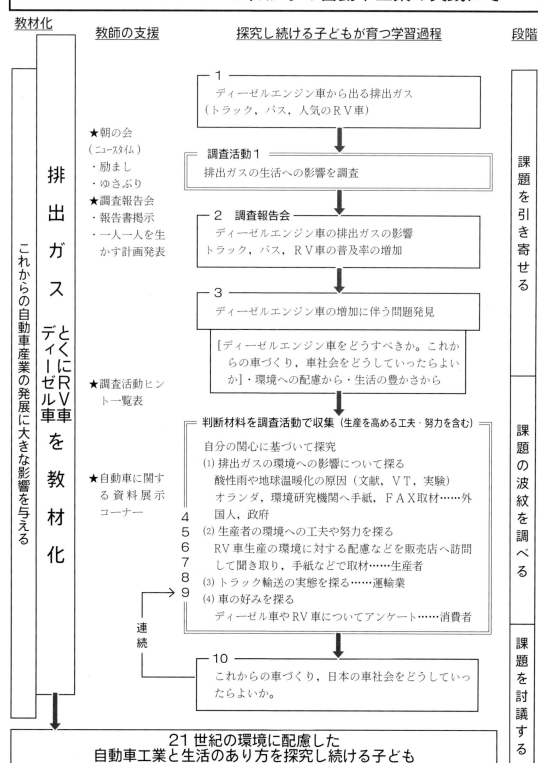

★5年　産業学習構想図　これからの自動車工業の実践にて

教材化　　　**教師の支援**　　　**探究し続ける子どもが育つ学習過程**　　　**段階**

これからの自動車産業の発展に大きな影響を与える

排出ガス ディーゼル車 とくにRV車 を教材化

★朝の会
（ニュースタイム）
・励まし
・ゆさぶり
★調査報告会
・報告書掲示
・一人一人を生かす計画発表

★調査活動ヒント一覧表

★自動車に関する資料展示コーナー

連続

1
ディーゼルエンジン車から出る排出ガス
（トラック，バス，人気のRV車）

調査活動1
排出ガスの生活への影響を調査

2　調査報告会
ディーゼルエンジン車の排出ガスの影響
トラック，バス，RV車の普及率の増加

3
ディーゼルエンジン車の増加に伴う問題発見

[ディーゼルエンジン車をどうすべきか。これからの車づくり，車社会をどうしていったらよいか]・環境への配慮から・生活の豊かさから

判断材料を調査活動で収集（生産を高める工夫・努力を含む）
自分の関心に基づいて探究
(1)排出ガスの環境への影響について探る
　酸性雨や地球温暖化の原因（文献，ＶＴ，実験）
　オランダ，環境研究機関へ手紙，ＦＡＸ取材……外国人，政府
(2)生産者の環境への工夫や努力を探る
　RV車生産の環境に対する配慮などを販売店へ訪問して聞き取り，手紙などで取材……生産者
(3)トラック輸送の実態を探る……運輸業
(4)車の好みを探る
　ディーゼル車やRV車についてアンケート……消費者

4
5
6
7
8
9

10
これからの車づくり，日本の車社会をどうしていったらよいか。

課題を引き寄せる

課題の波紋を調べる

課題を討議する

21世紀の環境に配慮した
自動車工業と生活のあり方を探究し続ける子ども

4 具体的な体験を伴う学習の充実

『小学校学習指導要領 (平成 29 年告示) 解説社会科編』の第 4 章指導計画の作成上の配慮事項 2 内容の取扱い (1) についての配慮事項に三つの配慮事項が列挙されています。

その一つが「観察や見学, 聞き取りなどの調査活動を含む具体的な体験を伴う学習やそれに基づく表現活動の一層の充実を図ること」です。

指導要領解説には,「具体的な体験を伴う学習を指導計画に適切に位置付けて効果的に指導するためには, まず, 社会科としてのねらいを明確にすることが必要である。その上で事前・事後や現地における指導の充実を図り, 児童が実物や本物を直接見たり触れたりすることを通して社会的事象を適切に把握し, 具体的, 実感的に捉えることができるようにすることが大切である。また, 具体的な体験に基づく表現活動については, 観察や見学, 聞き取りなどによってわかったことや考えたことなどを適切に表現する活動を指導計画に効果的に位置付け, 調べたことを基にして思考・判断したことを表現する力を育てるようにする必要がある。」と記載されています。

今から紹介する実践は昭和 63 年の実践で平成元年の学習指導要領の改訂を意識した実践です。つまり, 生活科の誕生が大きく影響し, 社会科においても中学年の地域学習, 第 5 学年の産業学習, 第 6 学年の歴史学習などの中で, 具体的な活動や体験を取り入れた学習活動を工夫して指導計画を作成することが求められていました。こうした流れは, 多少の文言の修正はあったとはいえ, 改訂のたびに引き継がれ, 新学習指導要領でも一層の充実を図るように強調されています。

ここでわたしが特に述べたいのが, これから学ぶ学習対象に初めて出会う単元の導入です。そこでまず, これから学ぶ対象にしっかり触れさせることです。

この当時は 5 年生で「伝統的な工業」を扱う単元がありました。(今は主に 4 年生の県内の特色ある地域の学習で扱うこととなっています。)

そこでは, 名古屋の伝統的な工芸品「有松絞り」の浴衣に十分触れさせたり, 観察したりする場面をつくりました。

触ってじっくり観察させた結果, 針の穴が残っていることに注目したり, ざらざら, しわしわといった有松絞り独特のてざわりに気づき,「糸で縫っているんじゃないか。絞って模様をつけているんじゃないか」といったつくり方に関する様々な疑問が出てきました。

また, この実践ではありませんが, 5 年生の水産業の学習では「マグロの本物」に触れさせ, 観察する導入を工夫しました。まさに驚きで「子どもが一生憶えている授業」の始まりです。自分たちが普段食べているマグロがこんなに大きな魚であることに驚き, どこから運ばれてくるのかとか, どうやってとるのか等様々な疑問が自然と発せられました。

　平成6年度の実践では，高いお金を出して何度もなじみの寿司屋さんに通い大将と仲良くなり，こんなことで協力してもらえないかとお願いしたら「子どもたちのためなら……」と快く協力してくれました。5年生の産業学習では生産物に最初触れさせるところからスタートしました。**本物に触れさせることを通して，疑問をもち，追究意欲を高めることをねらい**としました。

　本物に触れることができない場合は，わたしの実践で言えば，「名古屋城にある巨大な清正石」の模型，米づくりの学習の比較教材で「約5メートルのタイで育てている浮稲の模型」等をつくって導入を工夫しました。

　最近見せていただく社会科の実践では，なにかそんな導入を工夫している実践も少なくなってきたのではないかなと危惧することがあります。オランダのイエナプラン教育のワールドオリエンテーション（日本でいう総合的な学習の時間）でも本物との出会いを重視していました。

　紹介実践の調べる場面の展開では，「有松絞り」を実際に体験する活動等をやってみたり，体育館で模擬体験の田植えを行わせたりしました。働く人の苦労，工夫，努力に目を向けさせるための体験活動でした。体験を通して，実感を伴い，深く生産者の田植えの大変さとか，絞り職人の偉大さ，工夫・長い年月の努力の積み重ね等に気づいていきました。

　とにかく**指導計画を立てる際には，何のためにこの体験活動をさせるのか時間数も念頭に入れて十分吟味することが大切である**という点は不易だと考えます。

　また，**地域学習においても産業学習においても，地域で活躍している人や産業の課題を克服しようと活躍している人との対話**も具体的な体験を伴う学習を充実させることにつながります。

　わたしの実践で言えば，マグロ養殖に取り組む近畿大学の皆さんの授業協力や，安い外国米に負けないおいしい安全な米をつくろうと努力している全国の米づくり農家の人々との出会い，地域のよりよい開発に努力している人々との交流，自費で資料館をつくって地域の歴史を後世に伝えようとしている館長さんの熱意等，すべて子どもたちにとってかけがえのない学習となったと確信しています。

　その他，中学年では地域の観察，調査，見学が主になりますし，6年生の歴史学習では身近な博物館や資料館，遺跡や文化財等に触れるといった観察や見学，聞き取りなどの調査活動を含む具体的な体験を伴う学習を適切に指導計画に位置付けることが不易として学習指導要領で引き継がれています。

　楽しく充実した社会科学習を志向する場合，旬な魅力的な教材開発と，**具体的な体験を伴う学習過程・学習活動を工夫していくことは，今でも社会科の不易として大切なポイント**であると考えます。

◆具体的な体験を伴う学習の充実

Theme

働く人々の苦労・努力・工夫に
目を向けさせる社会科指導

― 「触れてみる，やってみる，考えてみる」の段階を追って―

昭和 63 年度 5 年実践　名古屋市立M小学校にて実践

```
実践例1　米の生産
```

I　はじめに

　5年生の当初,「米の生産」の指導をしたときのことである。「みなさんのお父さんの仕事と農業に携わっている人々の仕事では,どちらの仕事の方がたいへんだろうか。」という発問をしたところ,ほとんどの児童が,「自分のお父さん。」と答えたのに,いささか驚いた。

　その理由を尋ねてみると,多くの児童が「お父さんは,夜遅くまで働いていて,いつもとても疲れて帰ってくるから。」と答えた。

　では,「農業をしている人々は,たいへんじゃないのかな。」と投げかけてみると「たいへんだと思うけど……」と後の言葉が返ってこない。

　こうした児童の考え方は,次の2点に要約できるのではないだろうか。

```
① 「お父さんが仕事から帰ってくるのが遅い。」といったことで,児童は働く時間の量
　 だけで労働のたいへんさを判断している。つまり,お父さんの仕事や農業に携わる人々
　 の仕事の内容そのものにあまり興味,関心がなく,表面的なことだけでとらえている。
② 生産活動に従事する人々の姿やその様子を見たり,体験したりする経験に乏しいた
　 め,生産活動に従事する人々の仕事の内容が把握できていない。
```

　そこで,本年度は,「生産活動に従事する人々の苦労,努力,工夫に目を向けることのできる児童の育成」をめざして,実践に取り組むことにした。

II　実践の基本的な考え

　生産者の苦労,努力,工夫に目を向けさせるため,1学期は,「米の生産」の指導をするにあたって,「触れてみる」,「やってみる」に視点をあて,実践をした。児童は,米の生産に対し顕著な興味,関心を示し,田植えのたいへんさを実感した。また,「機械だったら,どれくらいの時間で植えられるのだろう。」という新たな疑問も抱いた。こうした実践の結果から,「触れてみる」「やってみる」がとりわけ効果的であることがわかった。

　また,「やってみる」の後に,「考えてみる」段階を設定し,段階を追って指導をしていくことが,さらに効果をあげるものと考え,2学期から,「触れてみる」→「やってみる」→「考えてみる」を踏まえて,実践を進めるこ

とにした。その考えを図示すると，次のようになる。

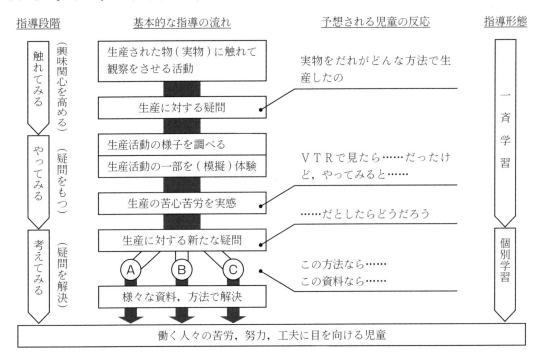

「考えてみる」段階では，個別学習を設定した。新学習指導要領のねらいの一つに，児童の個性の重視がある。つまり，児童が自分のもった疑問を自分の力で解決していくことこそ，真の知識，理解になりうると考えたからである。

なお，働く人々の苦労，努力，工夫に児童がどのように目を向けていったかを，モチベーション得点と学力の面から選び出した3人の抽出児（A子，K子，Y男）のノートの記述，社会科日記の分析を通して，考察していくことにする。

III　授業実践

:::
実践例2　自動車工業のさかんな都市―豊田市―（6時間完了）
:::

1　単元のねらい

　自動車工場の生産の様子から，大量生産のしくみをとらえさせるとともに，自動車工業に携わる人々が，関連（部品）工場と協力しながら，能率的な多品種少量生産を進めていることをとらえさせる。

2　各段階のねらい

┌─ **触れてみる（第1時）** ─────────────────────────────┐
│　　バッテリーに触れさせることを通して，自動車の部品に対し，興味，関心を高めさせるとともに，バッテリー捜し及び部品調べを行わせることにより，部品をつくる人々の様子や生産工程に興味，関心を抱かせる。│
└──┘

┌─ **やってみる（第4時）** ─────────────────────────────┐
│　　必要な量を決められた時間に自動車工場（組立工場）に納めなくてはならない部品工場の人々の苦労,努力を「かんばん方式」の劇化学習でとらえさせる。また，数多くの部品工場から運ばれてくる大量の部品を組み立てている組立工場の人々の努力，工夫に対し，疑問を持たせる。│
└──┘

┌─ **考えてみる（第5時）** ─────────────────────────────┐
│　　組立工場に対する疑問を教師が用意した「多品種少量生産体制のベルトコンベアー（VTR）」と「はり紙」を手がかりに，個別学習によって解決させていく。│
└──┘

3　授業記録と考察

　指導計画を立て，次のような授業実践をした。

第1時	「触れてみる」の指導

　バッテリーを提示し,「この箱みたいな物何だろう。」と問いかけてみたところ,「バッテリーだ。」（18名）,「車に使うオイルだ。」（4名）,「水だ。」（1名）など様々な反応が返ってきた。

そこで，バッテリーに触れさせることにより，気づいたことを発表させることにした。<☆抽出児……A子，K子，Y男>

┌─ バッテリーに触れさせる場面 ─────────────────────────┐
│   │
│ T1   メモをもとに気づいたことを発表して下さい。   │
│ A子   │
│   箱の中に液体が入っている。   │
│ K子   │
│ Y男1   上の方に鉄の出っぱりがある。バッテリーだ。ここにバッテリーと書いて│
│   ある。   │
│ C1   お父さんの車で見たことがある。   │
│ T2   これは，車に使われているバッテリーという部品です。このバッテリーが│
│   ないと，エンジンがかからず，車が動きません。バッテリーとは，車を動か│
│   すのになくてはならない大事な部品なのです。   │
│ C2   へえー，こんな箱がね。   │
│ T3   このバッテリー，自動車のどこにあると思う。   │
│ C3   後ろの方   C4   前の方   │
│ T4   どこにあるのか，先生の車で調べてみよう。また，他にどんな部品がある│
│   のか，部品を数えてみよう。   │
│ C5   やった，早く調べに行こう。   │
│   │
└──┘

┌─ バッテリーに触れさせる場面 ─────────────────────────┐
│   │
│ T5   バッテリーどこにあるかな。   │
│ Y男2   あった！   │
│ C6   何だろう。この部品は。   │
│ T6   できるだけたくさんの部品を捜して下さい。   │
│   │
└──┘

　Y男1は，「バッテリー」というラベル表示に気づき，C1は，自分の生活経験から，車に使う部品であることに着目していった。しかし，A子，K子のように，触れても表面的なことだけにとどまった児童も多くいた。

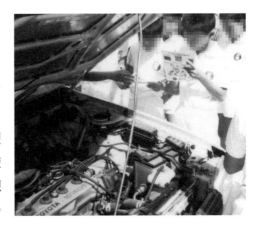

　部品調べでは，普段，自動車の表面的な色や型にだけに着目している児童が，「こんな部品も使われているのか。」と興味，関心を高めながら観察することができた。これは，「バッテリー」の

提示で，部品に着目させる指導が有効に働いたためといえる。

　また，児童に一台の車に使う部品数（3万個以上）を知らせたところ，「えーそんなに使われているのか。」と驚きの声が返ってきた。

　そして，児童の側から，次のような疑問が多く出された。

・どこで，どうやって，そんなにたくさんの部品をつくっているのだろう。（Y男，K子を含む多数）

・どうやって，3万個もの部品を組み立てて自動車にしているのかな。（A子及び上位児）

　これは，自分の調べた部品数と3万個以上の部品が使われているという事実のずれから生じた疑問といえる。

第4時　「やってみる」の指導

　「やってみる」の指導をするにあたって，その前時に，VTR「部品工場」を視聴させた。3人の抽出児の視聴ノートを見ると，「部品工場の人々が不良品を出さないように何度も検査している姿」や「機械で大量生産している様子」には着目しているが，部品を必要な量だけ決められた時間に納めなくてはならない部品工場の人々の苦労，努力に目を向けていなかった。

　そこで，「必要な量を決められた時間に必ず納めなくてはならない部品工場の人々の苦労，努力」を「かんばん方式」の劇化学習を通してとらえさせることにした。

　劇の内容を理解しやすくするため，劇化学習をさせる前に，部品工場から運び出される「かんばん付き部品」が組立工場に輸送されるVTRを見せた。

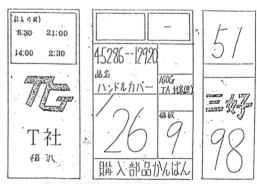

　T1，T2，T3の働きかけを通して，児童の目を「かんばん」に向けさせた後，劇化学習をさせた。劇化学習後の児童の反応は，以下の通りである。

VTR視聴後の教師の働きかけ

T1　運ばれる部品に何かついていませんでしたか。

C1　紙みたいなものがついていた。

T2　そうですね。これを「かんばん」と呼びます。
　　　＜「かんばん」を配付＞

T3　「かんばん」には，何がかいてあるのだろう。
　　　何のために部品につけられているのかな。

＿＿＿＿＿＿＿＿＿＿＿＿＿＿＿＿＿＿＿＿＿＿＿＿＿＿＿＿＿＿＿
　　　劇をやったり，見たりして，考えたこと，思ったこと，疑問に思ったこと

・部品工場の人は，時間通りに決められた場所（かんばんに 51 と記号化されている）
　にハンドルカバーを運ばなければな
　らないので大変だ。（A子，Y男）
・部品工場の人々が，最後にかんばん
　を持って帰るのは，なぜだろう。（A
　子，K子）
・かんばんには部品をどこへ持ってい
　くのか，組立工場に納める時間が書
　いてあるんだなあ。（Y男）

　A子，Y男を含め，約半数の児童が劇化学習を通して，部品工場の人々の苦労，努力を感
じ取った。しかし，あと半数の児童は，苦労，努力より，「かんばんに何が書いてあるのか。」
だけに注目し，かんばん通りに部品を納めなくてはならない部品工場の人々の苦労，努力ま
で目が向かなかった。

　これは，劇化学習が一部の児童の体験だけに終わったこと，「かんばん方式」の内容自体，
難しかったことなどが原因として考えられる。

　しかし，組立工場について調べてみたいことがらがないか問いかけてみたところ，「部品
工場から，かんばん通りに運ばれてくる大量の部品をどうやって間違えずに組み立てている
のだろう。」という発言を一部の児童から引き出すことができた。

第5時	「考えてみる」の指導

　上記の調べてみたい内容を解決するため，「多品種少量生産のベルトコンベアー」をＶＴ
Ｒで視聴させ，気づいたことを話し合わせた。この内容を解決するには，Ｃ３，Ｃ４の発言
に見られるように，「はり紙」に秘密がありそうだということに児童が気づいたところで，個々
に「はり紙」を配付した。

　そして，「はり紙は，どんな役目を
はたしているのだろう。」ということ
について考えさせた。しかし，A子と
少数の児童しか「車に取り付ける部品
の種類が書いてある。」という結論に
達しなかった。

＿＿＿＿＿＿＿　視聴後の話し合い　＿＿＿＿＿＿＿
Ｃ１　ベルトコンベアーで大量生産している。
Ｃ２　分業している。
Ｃ３　車の前にはり紙がある。
Ｃ４　はり紙に何か記号がたくさん書いてあ
　　　る。

　これは，個に適した資料や解決の糸口となる視点を教師が十分与えることができなかったところに大きな原因があると考えた。

4　実践の結果と問題点

◎　触れてみるの指導では，自動車をバッテリー及び部品数に着目させて観察させたことより，生産に対する疑問を導き出すことができた。しかし，バッテリー自体，部品に興味，関心をもたせるには有効だったが，触れても新たな発見ができず，疑問をもたせる要素は少なかった。

◎　やってみるの指導では，実際に劇化学習で動作化した児童（A子やY男など）の多くは，部品工場の人々の苦労，努力を感じ取ったが，動作化していない児童（K子など）の多くは，かんばん自体に目を向け，そこにひそむ生産者の苦労，努力，工夫には目を向けることができなかった。そのために，「考えてみる」の指導につなげるべき疑問を一部の児童からしか引き出すことができなかった。

◎　考えてみるの指導では，個々の能力に合わせた資料や視点を教師が与えることができなかったため，少数の児童にしか働く人々の努力，工夫に対する疑問を自分の力で解決させることができなかった。

　そこで，次の実践では，今述べた問題点を改善し，実践を深めることにした。

劇をやったり，見たりして，考えたこと，思ったこと，疑問に思ったこと

・触れてみるの指導では，バッテリーと違い触れることを通して，いろいろな疑問を持たせる要素がある事物を提示する。

・やってみるの指導では，全員に動きを起こさせる直接体験活動を工夫し，興味，関心を持続させる。

・考えてみるの指導では，児童一人一人の能力に合った資料を用意したり，教師が解決する方法を助言したりしながら，一人一人に解決する喜びを味わわせる。

実践例3　わたしたちの生活と伝統的な工業―有松絞り―（11時間完了）

1　単元のねらい

有松絞りが，長い年月をかけて絞りの技術を守り育ててきた人々の努力によって受け継がれてきたことを理解させる。

2　各段階のねらい

触れてみる（第1時）

十分，触れることができ，それを通して新たな発見（有松絞りの特徴）がしやすい有松絞りの浴衣をじっくり観察させることで，製品がどのようにつくられているのか，その生産工程に対して，興味，関心を高めさせる。

やってみる（第4時）

全員に内容が理解しやすく，しかも動きを起こさせる絞りのハンカチづくりを体験させる中で，職人たちの苦労や根気，さらに技術の高さに気づかせ，技術の習得に対して，強い疑問をもたせる。

考えてみる（第5時）

新たな疑問を自分自身，それぞれの方法（聞き取り，現地へ出かける，本で調べるなど）で解決させていったり，教師がその子に適した資料を用意して，解決させていく。

3　授業記録と考察

第1時　「触れてみる」の指導

有松絞りの浴衣に触れながらじっくり観察させる場面

＜K子の持ってきた絞りの浴衣を提示＞

C1　（わっ，すごい！）

T1　これが有松絞りです。見て気づいたことを発表しよう。

A子1　模様のふちに青いふちどりがある。

版画みたい。

Y男1　そでのところが太くなっている。絵
　　　が版画みたい。

T2　　ちょっと，絞りにさわってみよう。

A子2　さらさらだと思っていたら，ざらざ
　　　らしていた。

K子1　しわしわだ。おや，針の穴が残って
　　　いる。

Y男2　ざらざらしている。

T3　　K子さんが針の穴があると言っていましたね。この針の穴に何か絞りの秘
　　　密がありそうだね。

C2　　糸で縫っている。くくっているんだよ。

T4　　有松絞りについて，調べてみたいこと，もっと知りたいことは何ですか。

A子3　つくり方を知りたい。絞るときの力は，どれくらいいるのか。布は何を使
　　　うのか。模様はもとからついているのか。

K子2　1日でどれくらい絞れるのか。どれくらい種類があるのか。絞り方につい
　　　て知りたい。

Y男3　どうやって模様をつけているのか。

T5　　有松絞りの秘密をさぐっていこう。

　K子が用意してくれた「絞りの浴衣，しごき」を導入で提示したことにより，有松絞りに対して興味，関心を高めることができたが，「わ，きれいだ。」「すごい。」等の模様や色に対する直観的感想が出ただけにとどまった。

　気づいたことを発表する段階でも，A子1，Y男1の発言のように，「版画みたい。」と表面的なとらえ方をしている。

　ところが，触れてじっくり観察した結果，K子1のように，針の穴に注目し始めたり，ざらざら，しわしわといった有松絞り独特の手ざわりに気づく児童が出てきた。また，教師の問いかけに対し，糸でくくったり，糸で模様をつけたりしているのではないかというように疑問をいだく児童も出てきた。なかには，A子3，K子2，Y男3の発言のように，絞りの生産工程に対し，問題意識を高める児童も出てきた。

　これは，絞りに十分，触れさせた結果，針の穴という意外な事実を発見できたことによるものと考える。

第4時〜 第6時	「やってみる」の指導

　ＶＴＲの視聴により，有松絞りが自動車の生産と同じく，分業で生産されていること，しかも，そのほとんどの生産工程が手仕事によって成り立っていることに気づかせた後，実際に絞りのハンカチをつくることにした。

　まず，有松で買ってきたくくり糸を配布し，「ぬいしぼり」の仕方について説明した後，作業にとりかかった。（くくり糸のかわりに輪ゴムを使ってもよいことにした）

　最初，ハンカチづくりに対し，「やりたい！」とすごい興味を示していた児童も，実際にやり始めると糸や輪ゴムでうまくくくることができず，糸をひっぱるのに力はいるし，ほうずきはうまくできないし……など様々な苦労の声を出し始めた。

　そして，Ｋ子のつぶやきのように，「ＶＴＲで見ていると簡単そうだったけど，やってみるとすごくたいへん。」など，間接体験では実感できないくくり職人の苦労，根気，技術の高さに気づかせることができた。

くくりを終えて

A子　輪ゴムでくくるのがたいへん，糸をひっぱるのにすごく力がいる。

K子　ＶＴＲで見ていると簡単そうだったけど，やってみるとすごくたいへん。縫うのもめんどくさいし，くくりも時間がかかる。

Y男　すぐできると思ったのに…

　染色をした翌日（第6時），糸ぬきの作業をさせたところ，ほとんどの児童の作品が，くくったところまで色が浸みこんでいた。

　そこで，有松の職人が絞ったハンカチを児童の前で提示し，自分のつくったハンカチと比べさせた。

糸ぬきを終えて

A子　4つくくった内の2つは，色が染まってしまった。難しい！

K子　白くなるはずの所が紫色に染まってしまったよ。1回やったぐらいではむりだ。

Y男　1つだけはうまくできた。職人は白くきれいに模様ができるのですごい。

120

上記の体験の中から，児童は，くくり職人の苦労，根気，技術に対し，次のような新たな疑問を抱くようになった。

実感の中から生じた抽出児の疑問

A子　職人のは，模様がはっきりしていてとてもきれい。くくったところがはっきりわかる。職人は，一体，何年かけてうまくできるようになったのだろう。

K子　白の模様がくっきりしている。職人はどんな苦労，努力をしてきたのだろう。

Y男　絵がはっきりしている。模様が細かい。どうして職人は，あんなにうまくできるのだろう。

第7時	「考えてみる」の指導

先回の実践の反省を踏まえ，今回はまず，個々の児童に自己のもった疑問を解決する方法を考えさせた後，手がかりとなる資料や方法を指示した。

解決方法	A子	・くくり職人に聞いてみたい。
	K子	・自分のひいおばあちゃんがすじ絞りの職人だったので，聞いてくる。
	Y男	・実際に有松へ行って見学してみたい。

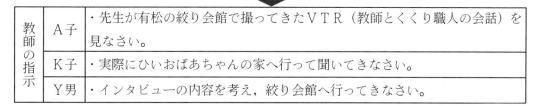

教師の指示	A子	・先生が有松の絞り会館で撮ってきたVTR（教師とくくり職人の会話）を見なさい。
	K子	・実際にひいおばあちゃんの家へ行って聞いてきなさい。
	Y男	・インタビューの内容を考え，絞り会館へ行ってきなさい。

その結果，3人とも様々な発見をし，自分の疑問を解決してきた。

調べ学習のまとめより

A子　巻き上げ絞りをやっていた。くくり職人は，くくり台というものを使って，すごい速さで布をくくっていた。何とその職人は35年もやっている。

K子　ひいおばあちゃんは，小学2，3年のころからすじ絞りのくくりをやっている。昔は，家のお手伝いとして農作業の合間に絞りをやっていた。

Y男　40年ぐらいやっているそうで，上手になるには，普通の人なら，3〜4年は最低かかるそうです。

A子，K子，Y男とも長い年月をかけてくくりの技術を習得した職人の努力に対し，感動

し，目を向けている。また，くくり台を使ってくくりを工夫し，生産を高めている姿にも目を向けている。これは，個々に適した資料や方法を教師が与え，助言したことにより，解決する喜びを味わわせることができたためであると考える。

4 実践の結果

◎ **触れてみる**の指導では，十分触れることができ，また，いろいろな疑問をもたせる要素を含む生産物を観察させることが生産に対して疑問を引き起こすことがわかった。

◎ **やってみる**の指導では，児童が「やってみたい」と意欲をもち，全員に行動化させることが大切である。このことが，一人一人に興味，関心を持続させ，新たな疑問をもたせる原動力となった。

◎ **考えてみる**の指導では，教師が一人一人の児童の疑問や能力に適した資料や方法を示して，自分の力で解決する喜びを味わわせてやることが大切である。

Ⅳ　おわりに

有松絞りの「考えてみる」の指導の際，A子の社会科日記に次のような文章があった。

> ……（略）わたしは，教科書で九谷焼の勉強をしたとき，こうけい者が不足していることを知りました。有松絞りも，くくりがうまくできるようになるまで，かなりかかるので，あとをつぐ人がいなくてたいへんだと思います。

4月当初，生産者の仕事の内容に興味，関心が薄かった児童が，くくりの仕事の内容を実感をもってとらえ，そこにひそむ生産者の苦労，努力，工夫に目を向けていった。

以上の実践から，「触れてみる→やってみる→考えてみる」という段階を踏まえた指導が働く人々の苦労，努力，工夫に目を向けることのできる児童を育てるのに有効であったと考える。ただ，「考えてみる」段階で，児童個々の疑問に対し，解決のための手がかりとなる資料，方法には限界がある。それを克服していくことが今後の大きな課題といえる。

II

令和実践に向けての
ヒント

1 「主体的・対話的で深い学びの実現につながる」指導スキル「意思表示板」

平成16年と平成28年に名古屋で「全国小学校社会科研究協議会研究大会」が開かれました。そのとき各会場校で実践された単元で大いに活用されたのが今から述べる「意思表示板」なるものです。

新学習指導要領に示された「主体的・対話的で深い学び」を実現していくために、提案したい指導スキルというか、思考ツールが「意思表示板」です。

（1）意思表示板とは

意思表示板とは学習テーマと考えを示せる目盛りを付けた板に、自分の考えの位置をネームプレートを使って意思表示する板のことです。

例えば、小単元「米づくりのさかんな庄内平野」で、単元の後半や終末で米づくりの「未来のよりよい発展」や「現実的な課題」について話し合う場面があります。新学習指導要領が示している「社会に見られる課題」を把握して、その解決に向けて社会への関わり方を選択・判断する力、考えたことや選択・判断したことを説明したりそれらを基に議論したりする力を養う場面です。

そこで、学習テーマ「庄内平野の2030年はどうなっているのだろうか」について、大丈夫派（きっと有名な産地のまま）か、心配派（今より衰えていくんじゃないか）か選択し、自分の考えを示す位置にネームプレートを置いて根拠や理由を明確にして議論します。

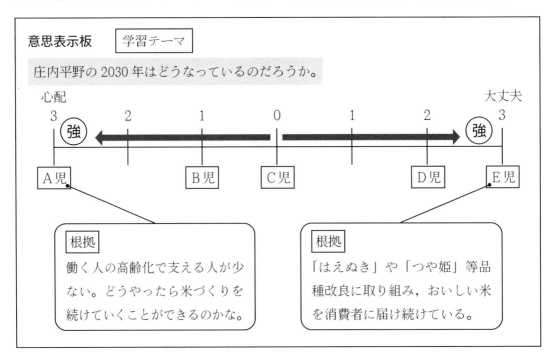

この議論を通して、庄内平野の工夫・努力に改めて気付いたり、働き手の高齢化や生産調

整等の産業が抱える課題について，今後どう克服していったらよいのか考えたりすることができるように指導を進めていきます。

　今後の産業の発展を考える学習等に大いに活用できる指導スキルです。

（2）　意思表示板と自己評価

　子どもは意思表示板を使って議論していく過程で，友達の考えを聞いたり，新たな事実に出会ったりして，自分の考えを深めたり修正したりしていきます。話し合う前と話し合った後を比べて，自分の考えの変化をネームプレートを動かして表現していくため，自分の思考がどう変わったのか，変わらなかったのか一目でわかるよさがあります。思考の経過を振り返る自己評価の機能を有します。

　さらに，同じ「大丈夫」「心配」という立場でも，その考えの強弱が表せるように左右に1～3段階の目盛りを付けたことで，ちょっとした考えの深まりや広がりを自覚できます。

　また，目盛りを付けることによって，仲間の考えの変化にも注目しやすくなり，仲間のネームプレートの動きや根拠に注目しながら，自分の考えの位置を決めていくという協働的な学びの場面形成にもつながります。仲間との考えの違いに知らず知らずのうちに注目するようになり，広い視野から自分の考えを見つめ直すことができるというよさがあります。

（3）　意思表示板のよさをさらに生かすために―振り返りカードの併用―

意思表示板にネームプレートで意思表示するだけでなく，

◎　そのように考えたわけ(根拠)
◎　ネームプレートを動かしたわけ（動かさなかったわけ）
◎　心を揺さぶられた意見や資料
◎　次の調べ活動のめあてや目標

等振り返りカードに記入し，意思表示板と併用していくとよいと考えます。

（4）　意思表示板と学習テーマ

　米づくりの実践では単元の後半や終末で学習テーマが形成されました。しかし，本来は単元を通して議論できる学習テーマが少なくとも単元の半ばから形成できるとよいと考えます。

　学習テーマは学習の過程で，皆の疑問を集約したり，焦点化したりする中で「皆で追究する問い」として形成できるとよいと思います。学習テーマを追究することで，単元のねらいに楽しく到達できていく，そんなテーマができるとよいです。学習テーマは学習問題を意欲的に追究させるための手立てともいえます。

また，２つの相反するどちらかの立場に立って考えることができるテーマが子どもの思考を促しやすい。学習テーマが子どもの活動への意欲を引き出し，活動をつなぐ役割を果たします。学習テーマについて話し合い活動と調べ活動が繰り返される学習過程の中で，適宜，意思表示板を使って，自分の考えの位置とそう考える根拠を明確にして話し合い，常に，自分の思考の経過を振り返る場面を設定するようにしていきます。この連続により，主体的に学習に取り組む子どもが育っていくと考えます。

（５）　学習テーマの集積と授業モデル

今までわたしが実践したものの中で形成された５年の学習テーマを紹介します。

　これからの水産業にかかわる実践では「日本の水産業の未来は大丈夫か」

「マグロを今のまま日本人が大量に消費し（食べ）続けるのはよいことか」。

　これからの自動車産業にかかわる実践では「ディーゼルエンジン車（以下ディーゼル車）

はこのままでよいのか」等があります。

　このディーゼル車を扱った単元（右の学習過程図参照）は「これからの自動車産業」と「わたしたちの生活と環境—大気汚染—」「これからの運輸業」等を関連させた社会科総合単元として特設したものです。平成10年前後に取り組んだ実践ではありますが，今なお「ディーゼル車の排出ガス規制」は，「社会に見られる課題」として現存するものであり，環境にやさしい車づくりは自動車工業が抱える緊急課題ともいえます。前小単元「これからの水産業」で教材化した「マグロの資源保護や養殖漁業，国際批判」の話題も今なお絶えずに続いています。最新情報を基に改

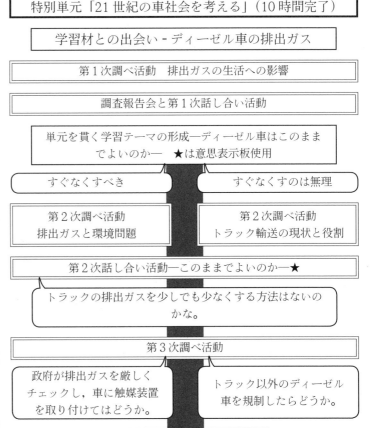

特別単元「21世紀の車社会を考える」（10時間完了）

学習材との出会い - ディーゼル車の排出ガス

第１次調べ活動　排出ガスの生活への影響

調査報告会と第１次話し合い活動

単元を貫く学習テーマの形成—ディーゼル車はこのままでよいのか— ★は意思表示板使用

すぐなくすべき　　　　　すぐなくすのは無理

第２次調べ活動　排出ガスと環境問題　　　　第２次調べ活動　トラック輸送の現状と役割

第２次話し合い活動—このままでよいのか—★

トラックの排出ガスを少しでも少なくする方法はないのかな。

第３次調べ活動

政府が排出ガスを厳しくチェックし，車に触媒装置を取り付けてはどうか。　　　トラック以外のディーゼル車を規制したらどうか。

改善策提案

第３次話し合い活動—このままでよいのか—21世紀の車社会の進むべき方向は???★

めて教材化すれば，社会に見られる課題として魅力的な教材開発ができると考えます。

（6）　意思表示板を使って議論する授業の効果

「社会に見られる課題」について意思表示板を使って議論する授業は，仲間と協働的に問題解決していく学習（対話的な学び）であり，自己の思考の経過を振り返りながら自身のメタ認知を育む学習（主体的な学び）です。さらに，子どもの「思考力，判断力，表現力等」の育成につながるとともに，「主体的な学習態度」を育むことができます。

そして今後の社会の発展を考える有効な手法といえるのではないでしょうか。

また，学習の最後に，「始めは○○○だと思っていました。でも，途中で◎◎さんの意見を聞いて，◇◇◇だなと思うようになり，最後には□□□と考えるようになりました。」といった変化が子ども自身の中で認識できる授業として，「深い学び」につながる指導スキルです。

意思表示板を使った授業実践例について詳しく知りたい方は，平成16年と平成28年の「全国小学校社会科研究協議会研究大会名古屋大会」の研究紀要を参照されるよいでしょう。

平成28年の名古屋大会では，当時の文科省初等中等教育局視学官・澤井陽介氏は「名古屋大会の研究の意義」を三つ述べています。その一つ目を紹介します。

（1）　主体的・対話的で深い学びを実現する「社会を見つめる」社会科

今後の社会科の充実の方向として「社会との関わりを意識して課題を追究したり解決したりする活動」が示されている。名古屋大会では，子どもが社会とのつながりを意識できるよう，教材化や学習問題を吟味することはもとより，子どもが社会への関わりを見つめる学習過程を研究し，問題発見，問題解決への見通し，話し合い等による社会的事象の特色や意味の深い理解，学んだことの振り返りなどを具体策として，主体的・対話的で深い学びを実現する授業づくりを進めてきている。特に自分の学習を振り返る指標（物差し）を用いて，学習意欲や学習の連続性への意識を高め，子どもが社会的事象との距離を縮めながら社会に見られる課題の解決に向けた判断基準を持つようにする方策は興味深い。……

自己の考えが今，どういった状態なのか，調べ活動や話し合い活動を通してどう変化したのかを継続的に自己判断する物差しに例えられています。

意思表示板を使う良さは，子ども自身が自分がどう考えてきたのか，その変容を客観視できます。どうしてその位置にネームプレートを置いたのか，その根拠と理由を明確にして，社会的事象の特色や意味を深く理解し，今後の社会へのかかわり方を考えていくことにつなげていくことができます。

平成16年と平成28年の「全国小学校社会科研究協議会研究大会名古屋大会」では，次のような学習テーマ（物差しとしての振り返りのテーマ）等で実践されています。

3年「御馬頭神事は大切だと思うか」

4年「○○学区の交通安全対策は大丈夫といえるか」

4年「南海トラフ地震について，くらしを守る対策は十分か」

5年「名古屋市の市政広報番組は必要か」

5年「我が国の自然災害に対する備えは大丈夫か」

6年「女性が子育てと仕事をしやすい名古屋にしたいという市民の願いは十分に実現されているか」

6年「名古屋立体型公園オアシス21はみんなの願いをかなえようとした公園か」

意思表示板の形は主に，線分図のような形（目盛りの打ち方は左から右まで1234と4段階とする場合等様々）で実践されています。

あと，形を改良して，メーター形式やレーザーチャートのような形に応用したものもあります。

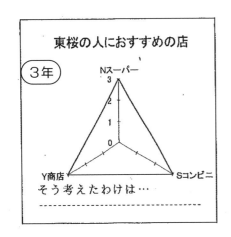

　さらに，平成11年に名古屋市教育研究員として1年間かけて，意思表示板を使った社会科の授業について研究させていただく機会を得ました。その成果報告に若干修正したものを次頁から載せてあります。

　古い実践でやや研究的に分析してありますが，このときは6年生で実践しました。

　学習テーマを各実践単元で「自分が当時の武士なら信長の家来としてついていくか」「阪神淡路大震災級の地震が起きたら名古屋は大丈夫か」とし，単元を通して思考の経過を振り返ることができるように，また，学習問題「信長はどのように戦乱の世の中を統一していこうとしていったのか」「地震災害に対して，名古屋市政は県，国などと連携してどのように対応しようとしているのか」等を意欲的に追究できるようにしました。

　わたしのこの年の実践では左右5段階の目盛りとしましたが，目盛りが多いと子どもたちが曖昧に動かすのではというご意見等もあり，目盛りを左右3段階に減らしたり，目盛りを左右で設定せず，右から4321と4段階に目盛って子どもの思考傾向を数値化できるようにしたりしていきました。

　意思表示板の活用はここから始まったといっても過言ではありません。これ以後，レーザーチャートとか前頁にあるような，様々な改良型の意思表示板が後輩の研究等から出てきたりするようになりました。

　さらに，6年の歴史単元では工夫次第で他単元にも応用できます。新学習指導要領が示している「社会に見られる課題」を扱う指導内容以外でも活用できる場合があることを知っていただけたらと思います。

　　　　　意思表示板を使う学習テーマ例（振り返りのテーマ，物差し……）

★縄文と弥生，どっちの時代に住みたいか（生きてみたいか），またはどっちの人間が
　幸せだったか。

★聖武天皇の大仏づくりに当時の人々だったら進んで参加するか。

★自分が当時の武士なら信長，秀吉，家康，どの武将の家来になるか。

★江戸時代，鎖国は日本の発展にとって，本当によかったのか，悪かったのか。

★明治維新によってみんなが笑顔で暮らせる世の中が達成されたといえるか。　　　等
　（テーマについては賛否両論あるとは思いますが，実践構想のヒントにしていただけ
　たらと考えます）

自己学習力が育つ社会科学習

－思考の経過を振り返る自己評価場面を設定して－

┌─── キーワード ─────────────────────────────────
│　　　自己学習力　　　　　思考の経過　　　　意思表示板　　　　自己評価
├─── 要　約 ─────────────────────────────────────
│目的：思考の経過を振り返る自己評価場面を，どのように設定すると自己学習力が育つ
│　　　か究明する。
│方法：自分の考えをみんなに提示する場面の設定によって，自分の思考の経過を自己評
│　　　価し，これからの自己学習の在り方を決めることができたかを探る。
│結果：意思表示板を使った自己評価場面を設定することは，自己学習力を育てるために
│　　　有効であることが明らかになった。
│見所：意思表示板に自分の考えを提示し，互いの考えを意見交換し合うことを通して，
│　　　自分の考えを深めていく力を育てることができた。
└───

I　研究のねらい

1　本研究を通して育つ自己学習力とは

　わたしは，自己学習力とは「課題に自分の力で取り組み，解決していく力」であると考える。課題を解決していく過程で，子どもは社会的事象について自ら調べたり，その意味などを考えたりする力が必要である。今回改訂された社会科学習指導要領の特色の一つは「調べて考える力を育てる社会科」であり，特に考える力を育てるために授業を工夫・改善することが求められている。

　わたしは本研究で，学級で追究する共通の課題（以降，学習テーマと呼ぶ）を子どもとともにつくる。さらに，学習テーマについて自分の考えを提示し，互いの考えを意見交換し合う場面を設定していくことで，次のような力を育てたい。

┌───
│　学習テーマについて，自ら調べたり，話し合ったりしたことを根拠にして，自分の考えを深めて
│いく力
└───

2　自己学習力が育つ社会科学習の2つのポイント

　わたしは自己学習力を育てる上で，次の2点を大切なポイントとして，本研究を進めていきたい。

―（1）　単元を貫く学習テーマの形成―

　２つの相反する，どちらかの立場に立って考えることができるテーマが子どもの思考を促しやすいと考える。例えば，「自分が当時の武士なら織田信長を支持してついていくか」という学習テーマでは，「ついていく」「ついていかない」の判断を下すため，根拠となる事実を見つける調べ活動に向かう。さらに，調べたことを持ち寄って，学習テーマについて互いの考えを意見交換し合う話し合い活動に向かうようになる。学習テーマが子どもの活動への意欲を引き出し，活動をつなぐ役割を果たす。

―（2）　繰り返される調べ活動と話し合い活動―

　追究の過程では，学習テーマについて自分の考えの根拠となる資料を集める調べ活動と，学習テーマについて互いの考えを意見交換し合う話し合い活動が繰り返されていく。話し合い活動によって自分の今までの考えが揺さぶられたり，強固になったりして，追究の不十分な点や次の追究に向かうための新たな問いが生まれてくる。そして，この問いを解決するために調べ活動に向かう。

　２つの活動が繰り返されることによって，子どもたちの追究がどこまでも続いていく。その過程で自己学習力が高まっていく。

3　わたしの研究の重点－思考の経過を振り返る自己評価場面の設定－

　子どもの学習の様子を分析し，自己学習力の高まりを考察してみると，学習のめあてを見付けることができないため，次の調べ活動をどうしていったらよいか決めることができない子どもがみられた。

　わたしは，**子どもの学びを連続させていくには，調べ活動と話し合い活動が繰り返される学習過程の中に，自分の思考の経過を振り返る自己評価場面を設定していくことが大切である**と考えた。「学習テーマについて今，自分の考えがどこに位置し，それはどんな調査結果を根拠にしているのか」を振り返る場面を設定するのである。自分の考えを決めるには，その根拠を明確にすることが必要になってくる。そして，根拠が本当に妥当なものかどうかの吟味を迫られるのである。つまり，自己評価場面において「話し合う中で，自分の考えがこう変わった」と思考の経過を振り返り，その結果，自分の考えの基になる根拠の調べ直しや考え直しの必要性が生まれ，追究の不十分な点や新たな問いが明確になる。そのことが，次の学習へつながっていく。

　以上のような一連の学習経験を繰り返し積んでいくことが，自己の学びを自己評価する力となり，自己学習力が育つ素地となる。そこで，次の点について研究を進めたい。

　調べ活動と話し合い活動が連続する学習過程の中に，思考の経過を振り返る自己評価場面を，どのように設定していくと，自己学習力を育てることができるかを究明していく。

Ⅱ　研究の方法－自己評価の具体的な方法についての基本的な考え－

1　何を評価するのか。

　全国的には，学習の到達度や態度面の自己評価研究が多い中で，わたしの研究は思考の経過を振り返り，追究の不十分な点や新たな問いを見出すというところに特色がある。「自分が学習テーマについて，どう考えているのか」という学習内容の自己評価を中心にした研究である。

2　いつ評価するのか。

　学習テーマが形成された後，繰り返される調べ活動と話し合い活動の中に，思考の経過を振り返る自己評価場面を設定していく。調べたり話し合ったりしたことで，学習テーマについて自分の考えがどう変わったのかを自己評価する。思考の経過を振り返りつつ，次の学習のめあてをつくり出すことが繰り返され，その過程で自己学習力が高まってくる。

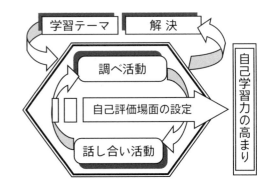

3　どのように評価するのか。

　右図のような学習テーマと考えを示せる目盛りを付けた小黒板に，自分の考えの位置を名札マグネット（以降，マグネットと略す）を使って表す。この板を「意思表示板」と名付ける。子どもは学習が進むにつれて，友達の考えを聞いたり，新たな事実に出会ったりして，自分の考えを深めたり，修正したりしていく。その考えの変化をマ

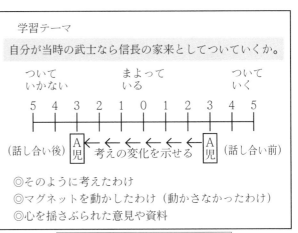

ふりかえりカードへの記述内容

グネットの位置に表していくため，自分の思考が変わったのか，変わらなかったのか，自分の思考の経過を自己評価できると考える。また，前ページの学習テーマについて同じ「ついていく」「ついていかない」という立場でも，ちょっとした考えの深まりや広がりを子ども自身が自覚できるように，左右１～５段階の目盛りを付ける。また，目盛りを付けることによって，友達の考えの変化にも注目しやすくなり全体の中で自分の考えがどれくらい揺らいだのかが一目でわかる。さらに，なぜマグネットを動かしたのか，動かさなかったのかにつ

いては,「ふりかえりカード」に記録していけるようにする。そして,自分の考えを振り返ったことが次時の学習にどうつながったかを分析していく。

Ⅲ 個々の自己学習力の実態（4月～5月）

1 **調査対象**：6学年　26人
2 **調査方法**：プレ実践「縄文と弥生，どっちの時代に住みたいか」「奈良の大仏づくりに自分から参加するか」から，一人一人の自己学習力（調べる力，考える力，自己評価力等）の実態をつかむ。

3 **調査の結果と考察**

自己学習力	調べる力	○ 自ら進んで資料を探して調べることができた。	3点
		○ 先生の支援をきっかけにして調べることができた。	2点
		○ 支援し続けないとなかなか調べることができなかった。	1点
	考える力	○ 話し合いや様々な調べた事実を踏まえた根拠をもつことができた。	3点
		○ 自分が調べた事実に基づいて根拠をもつことができた。	2点
		○ 根拠がなかなかもてなかった。	1点
	自己評価力と学習計画づくり	○ 話し合い活動後，根拠をもってマグネットを動かし，次の学習計画を自力で立てることができた。	3点
		○ 話し合い活動後，根拠をもってマグネットを動かしたが，次の学習計画づくりで調べる方法を助言した。	2点
		○ 話し合い活動後，あいまいな根拠でマグネットを動かし，次の学習計画を立てることができなかった。	1点
学習意欲	歴史学習に対する意欲	○ 歴史学習に期待感をもち，楽しく学習し続けていた。	3点
		○ 楽しく学習している場面がみられた。	2点
		○ 歴史学習にあまり興味を示さず，学習活動も停滞しがちであった。	1点

得点の規準（3,2,1点）

一人一人のとらえ

133

自己学習力と意欲を得点化して，その実態をとらえて，一人一人の位置付けを分布図に明記した。自己学習力の総得点が6点以上の子ども（Aの領域）が，26人中19人いる。今までの実践を通して，自己学習力が備わってきているので，個々の追究を見守りながら支援していくことにする。さらに自己評価場面で自分の思考の広がりや深まりをより明確に自己評価できるように工夫し，「なぜマグネットを動かしたのか，動かさなかったのか」を吟味させていきたい。具体的には意思表示板にマグネットを置く軸を数軸化する。

　反対に，残りの7人は自己学習力総得点が4点以下（Bの領域）に分布している。調べ活動では根拠となる事実が必ず収集できるように支援し続ける。また，調べたり，話し合ったりしたことを根拠にして，マグネットを置いたり動かしたりできるようにしたい。自己評価場面ではこの7人には必ず机間指導し，「何にこだわってマグネットの位置付けをしているのか」を確認していく。また，根拠がもてない場合には「友達の調べで最も共感するものを根拠とする」ことをアドバイスしていきたい。

Ⅳ　第1次授業研究

　1　単元　三人の武将と全国統一 ─織田信長の働きを中心にして─（10時間完了）
　2　単元の目標
　天下統一への先がけをなした織田信長の行動を中心にして追究することを通して，戦乱の世が統一されていく様子を理解できるようにする。
　3　検証項目

⑴　自己評価を数軸上で行う

　マグネットを置く軸の中心を0として，左右各5段階に評価できるようにすることは，自分の思考の広がりや深まりをとらえるのに有効か。

⑵　ふりかえりカードを活用する

　ふりかえりカードに「マグネットを動かしたわけ，動かさなかったわけ」や，「自分の考えを揺さぶったものは何か」などを記録することは，自分の思考の経過を振り返るのに有効か。

4　授業実践の概要と思考の経過を振り返る自己評価場面の設定

時	学習内容
1 2	学習材との出会いと第1次調べ活動 ○　信長の肖像画 ○　信長の性格判断 ○　大うつけと呼ばれていた信長 ○　弟信行を殺した信長 学習テーマが形成される 第1次話し合い活動
3 4 5	第2次調べ活動 ○　桶狭間の戦い―少ない軍勢で義元の大軍に挑んだ信長（運，知恵，勇気） ○　長篠の戦い（火縄銃，戦術の卓越さ） ○　安土城築城（スケールの大きさ） ○　キリスト教や楽市・楽座（時代の先取り） ○　比叡山の焼き討ち（そうせざるを得なかった状況，冷酷さ） ○　本能寺の変（不用心，家来の反感） ○　信長のリーダー性や性格（能力主義，神や仏を信じないなど）
6	第2次話し合い活動
7	第3次調べ活動 ○　信長についての再調査

★自己評価場面1

信長の家来としてついていくか。

ついて　　　　　　まよって　　　　　ついて
いかない　　　　　　いる　　　　　　　いく
5　4　3　2　1　0　1　2　3　4　5

意思表示板

家来の光秀はついていくことに不安をもっていたから，「まよっている」へ動かそう。

【意思表示板のマグネットを動かす児童】

★自己評価場面2

★自己評価場面3

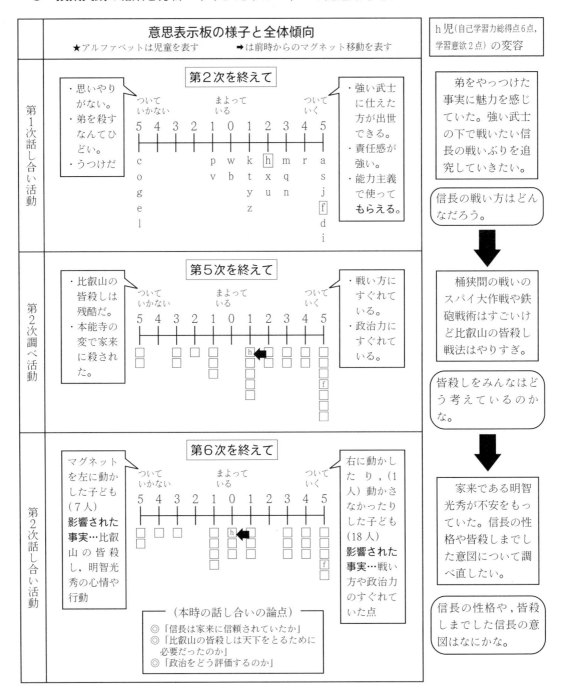

（h児についての考察）

　最初，信長の強さや戦い方の工夫についてすごいと評価し「ついていく２」にマグネット
を置いていた。しかし，調べと話し合いが進むにつれて，比叡山の戦いでの残忍性や，明智
光秀が信長に仕えることに不安をもっていたことに影響されて，「まよっている」に考えを

変えていった。これは，信長の戦術のすぐれている点では評価しているものの，冷酷な人間性が心を揺さぶり「まよっている」に置いたと分析できる。

（全体考察）

f児のように，最後まで「ついていく5」という考えを貫き通した児童もいた。f児は追究が進むにつれて，三段構えの鉄砲戦術や長槍を使った戦法など，戦い方の卓越した点を次々に発見していき，根拠の妥当性を強めていった。マグネットを常に動かし続けた児童（h児）も最初の位置からマグネットを動かさなかった児童（f児）も調べたり，話し合ったりしたことを基に，自分の考えを支える根拠を明確にしながら追究し続けている。

6　第1次授業研究を終えて

(1)　第1次授業研究を終えての自己学習力の高まり

4月～5月の実態でA領域にいた子どもたちは，数軸化された意思表示板とふりかえりカードの活用によって，自分の根拠の妥当性を吟味しながらマグネットを操作し続けることができた。さらに，自ら学習のめあてをもち，自ら調べ活動を進めることもできた。

また，B領域にいた子どもたちも，最初は友達の意見を参考にして考えを決めていたが，次第に自分の考えと根拠が固まり，主体的に意思表示できるようになってきた。調べ活動でも次第にめあてをもって追究できるようになってきた。

本実践を通して，根拠がなくて，マグネットが置けない子どもはいなくなった。

(2)　第1次授業研究から明らかになった成果

○　数軸上で自己評価していくことは，自己の思考の広がりや深まりをとらえる上で有効である。

○　意思表示板と併用したふりかえりカードの活用は，自分の思考の経過を振り返るのに有効である。

(3)　第1次授業研究から明らかになった課題

本実践の自己評価場面では，常に「信長の家来としてついていくか」という学習テーマで思考の経過を振り返ってきた。自分の考えの移り変わりが単元を通してわかるというよさはあるが，信長の一面的な追究に固執し（例えば，戦い方のみの調べ），様々な角度（戦い方，政治力，リーダー性，人間性など）から信長を追究していけない子どももいた。しかし，追究の過程で，子どもたちは「信長は家来に信頼されていたのか」「戦い方はすぐれていたのか」「信長の性格はリーダーに適していたのか」「比叡山の皆殺しは必要だったのか」「弟を殺したのは仕方なかったのか」などを話し合っているのである。信長を様々な角度から分析していくには，これら一つ一つの話し合いの論点（以降，小テーマと呼ぶ）に対しての考えと根拠を明確にしていくことが必要である。さらに，それを見ながら最終的に「家来としてついていくか」を判断していくことにより，学習テーマについて多角的に自分の考えを深めてい

くことができると考える。

第2次授業研究では，小テーマを形成し，様々な点から学習テーマについて判断を下すことができるように自己評価場面を設定して，自己学習力の高まりを考察していく。

V　第2次授業研究

1　単元　「災害から人々を守る名古屋市の政治」（11時間完了）

2　単元の目標

名古屋市に阪神淡路大震災級の災害が起きたとき，市民，市や県，国がどのように対応しようとしているのかを調べることを通して，国民の安全と生活を守る政治の働きに気付くことができるようにする。

3　大まかな授業構想と検証点

阪神淡路大震災や濃尾地震の被害の様子を調べながら，名古屋で都市直下型地震が起こったらどうなるかを予測し，学習テーマ「名古屋は大丈夫か」という視点で追究できるようにする。そして，どんな点から見ていくと，テーマに対する判断を下せるかを考える。ここで小テーマが形成される。

例えば，「市民の地震に対する備えや心構えはできているか」「名古屋の高速道路や建物，地下街などは地震に耐えることができるのか」「名古屋市の地震への取り組みは十分か」などが出されることが考えられる。これら一つ一つについて子どもたちと調査方法を考えながら調べていく。

学習テーマ「名古屋は大丈夫か」については，小テーマについての調べや話し合いを振り返りながら最終的に判断していく。「大丈夫か，心配か」を話し合うことで，さらに調べなおしたいこと，名古屋市にお願いしたいこと，自分がこれから防災に向けて取り組みたいことなどが明確になると考える。

「阪神淡路大震災級の地震が起きたら名古屋は大丈夫か」という学習テーマについて，小テーマを基に調べたことや話し合ったことを振り返りながら意見交換し合うことは，様々な観点から自分の考えを深めていく子どもを育てる上で有効か。

---

4 授業実践の概要と思考の経過を振り返る自己評価場面の設定

時	学習内容
1 2	学習材との出会いと第1次調べ活動 ○ 阪神淡路大震災の被害の様子
3	学習テーマが形成される第1次話し合い活動（追究するための小テーマ形成と学習計画づくり）
4	第2次調べ活動 ○ 各家庭の防災意識や地域の協力意識などをアンケート調査 第2次話し合い活動
5	第3次調べ活動 ○ 名古屋市の建造物防災チェック 第3次話し合い活動
6 7 8	第4次調べ活動 （港防災センター，市消防局防災室，運輸省や高速道路公社ネックスプラザ，セントラルパーク防災センターなどを取材） ○ 前時の防災チェックについての取材 ○ 地震が起こってからの復旧 ○ 地震に強いまちづくり
9	第4次話し合い活動
10	小テーマの意思表示板の結果を基に，学習テーマについて話し合う活動
11	第5次調べ活動（調べ直し） ○ 港防災センターの方へ，話し合いで残った疑問を取材 ○ 学習のまとめ

＊小テーマのマグネットの位置は調べ活動が進むにつれて随時変更可能

学習テーマ

阪神淡路大震災級の地震が起きたら名古屋は大丈夫か。

心配　　　　　　まよっている　　　　　　大丈夫

5　4　3　2　1　0　1　2　3　4　5

小テーマ1

市民の地震に対する備えはできているか。

小テーマ2

市の高速道路や橋や建物は地震に耐えることができるか。

【港防災センターで市の地震対策を調べる児童】

小テーマ3

市の地震に対する取り組みはできているか。

小テーマ4

市では消火や人命救助にすばやく対応できるか。

学習テーマ

阪神淡路大震災級の地震が起きたら名古屋は大丈夫か。

5 授業実践の結果と分析

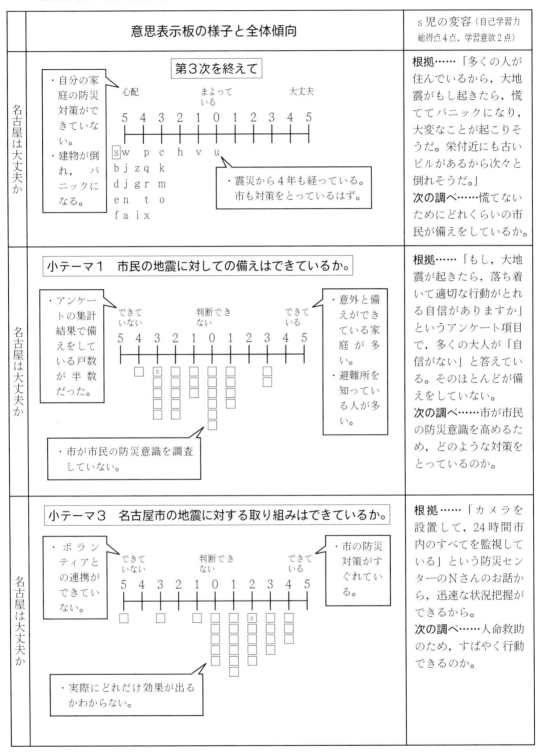

意思表示板の様子と全体傾向	s児の変容（自己学習力 総得点4点，学習意欲2点）
名古屋は大丈夫か　第3次を終えて ・自分の家庭の防災対策ができていない。 ・建物が倒れ，パニックになる。 心配　　まよっている　　大丈夫 5 4 3 2 1 0 1 2 3 4 5 s w　p c h v u b j z q k d j g r m e n　t o f a i x ・震災から4年も経っている。市も対策をとっているはず。	**根拠**……「多くの人が住んでいるから，大地震がもし起きたら，慌ててパニックになり，大変なことが起こりそうだ。栄付近にも古いビルがあるから次々と倒れそうだ。」 **次の調べ**……慌てないためにどれくらいの市民が備えをしているか。
名古屋は大丈夫か　小テーマ1　市民の地震に対しての備えはできているか。 ・アンケートの集計結果で備えをしている戸数が半数だった。 できていない　判断できない　できている 5 4 3 2 1 0 1 2 3 4 5 ・意外と備えができている家庭が多い。 ・避難所を知っている人が多い。 ・市が市民の防災意識を調査していない。	**根拠**……「もし，大地震が起きたら，落ち着いて適切な行動がとれる自信がありますか」というアンケート項目で，多くの大人が「自信がない」と答えている。そのほとんどが備えをしていない。 **次の調べ**……市が市民の防災意識を高めるため，どのような対策をとっているのか。
名古屋は大丈夫か　小テーマ3　名古屋市の地震に対する取り組みはできているか。 ・ボランティアとの連携ができていない。 できていない　判断できない　できている 5 4 3 2 1 0 1 2 3 4 5 ・市の防災対策がすぐれている。 ・実際にどれだけ効果が出るかわからない。	**根拠**……「カメラを設置して，24時間市内のすべてを監視している」という防災センターのNさんのお話から，迅速な状況把握ができるから。 **次の調べ**……人命救助のため，すばやく行動できるのか。

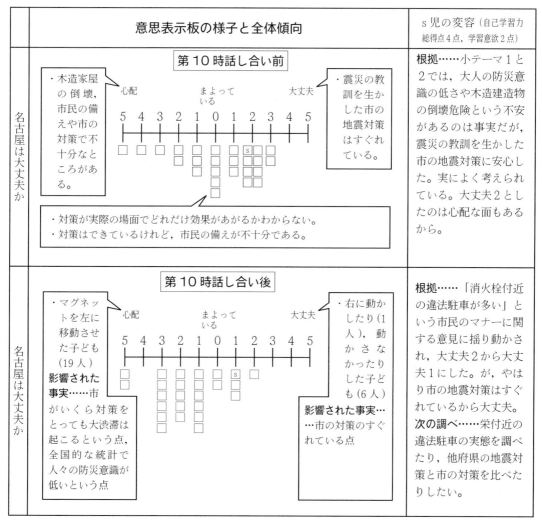

意思表示板の様子と全体傾向	s児の変容（自己学習力総得点4点，学習意欲2点）
第10時話し合い前 ・木造家屋の倒壊，市民の備えや市の対策で不十分なところがある。 心配　まよっている　大丈夫 5 4 3 2 1 0 1 2 3 4 5 ・震災の教訓を生かした市の地震対策はすぐれている。 ・対策が実際の場面でどれだけ効果があがるかわからない。 ・対策はできているけれど，市民の備えが不十分である。	**根拠**……小テーマ1と2では，大人の防災意識の低さや木造建造物の倒壊危険という不安があるのは事実だが，震災の教訓を生かした市の地震対策に安心した。実によく考えられている。大丈夫2としたのは心配な面もあるから。
第10時話し合い後 ・マグネットを左に移動させた子ども（19人） **影響された事実**……市がいくら対策をとっても大渋滞は起こるという点，全国的な統計で人々の防災意識が低いという点 心配　まよっている　大丈夫 5 4 3 2 1 0 1 2 3 4 5 ・右に動かしたり（1人），動かさなかったりした子ども（6人） **影響された事実**……市の対策のすぐれている点	**根拠**……「消火栓付近の違法駐車が多い」という市民のマナーに関する意見に揺り動かされ，大丈夫2から大丈夫1にした。が，やはり市の地震対策はすぐれているから大丈夫。**次の調べ**……栄付近の違法駐車の実態を調べたり，他府県の地震対策と市の対策を比べたりしたい。

（s児童についての考察）

◉　学習の様子やふりかえりカードの分析から

「名古屋は大丈夫か」という学習テーマについて，最初，心配5にマグネットを置いていたが，最終的には大丈夫1に置いた。小テーマ1「市民の備え」では不安をもっていたが，市の地震対策を港防災センターへ取材して聞き取るたびに，市の地震対策が震災の反省を大いに生かしたすぐれたものであることに気付いていった。それは小テーマ3の記述からもわかる。

最終的に学習テーマについて対策と実態のずれが論点となった話し合いでも，8人の子どもが心配側に立場を変えたのに対して，s児は大丈夫側にとどまった。心配要因を念頭に入れながらも，市の地震対策のすぐれた点が判断の大きな根拠となっていることがうかがえる。

◉　偏差値を使った分析から

本実践では，学習が進むにつれて，マグネットの位置が「心配」側から「大丈夫」側へ，

全体が揺れる傾向にあった。そこで，マグネットの位置を右のようにポイント化して，**集団の中での大丈夫に向けてのこだわり度を偏差値からとらえることにした。**偏差値を出すことにより，全体的なマグネットの揺れの中で，個の揺れがどれくらいに位置するのかが明らかになってくると考えたからである。

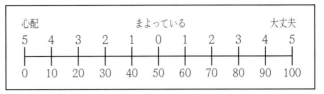

右の図は，ｓ児の各テーマ時の偏差値とマグネットの位置とを対比したグラフである。

特に最後の話し合い「名古屋は大丈夫か」の部分が注目に値する。マグネットの位置だけから見ると大丈夫1で，ｓ児の大丈夫という度合いは5に比べて低い印象を受ける。しかし，最後にマグネットを大丈夫2から大丈夫1に動

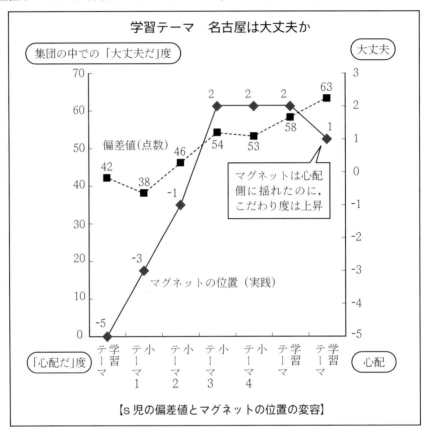

【ｓ児の偏差値とマグネットの位置の変容】

かしているにもかかわらず，偏差値は63と上昇している。ここから，全体の散らばりの中では，「大丈夫1」とは大地震に対して他の子どもと比べて高い安心度をもっているととらえることができる。また，判断の根拠として市の地震対策のすぐれた点をｓ児自身が高く評価していると分析できる。

6　第2次授業研究から明らかになった成果

小テーマについて調べ活動と話し合い活動を繰り返しながら，最終的に学習テーマについて判断させていったことで，様々な観点から自分の考えを深めていく子どもが育ってきた。また，子どもの学習テーマに対する調べ活動も多方面へ広がっていった。これは話し合い活動の中で子どもたちが小テーマを見付け，あらゆる観点から学習テーマについて考

えていく必要があることを共通理解したからである。

VI　研究の成果と今後の目標

　意思表示板にその時点での考えをマグネットの位置で表し，互いの考えを意見交換し合うことを通して自分の思考の経過を自己評価し，これからの自己学習のあり方を決めていくことができた。

　さらに，実践を進めるにつれて，友達の考えに注目しながら，自分の考えを深めていくようになっていった。これは意思表示板が単なる自分の思考の変化を自己評価するためのものとしてだけでなく，友達の考えも理解しつつ，自分の考えを決定したり，表現したりするものとして有効に作用したからだと考える。友達のマグネットの動きを見て，「友達がなぜ動かしたのか，動かさなかったのか」を問い，自分の考えを決める根拠を見直し，さらに今後の自己学習のあり方を決定していくといった自己評価場面の設定により，子どもたちの学びに連続性が生まれていった。子どもたちは自分の根拠の妥当性の吟味を迫られ，繰り返し調べ活動に向かい，意思表示板を使っての話し合い活動に臨むようになっていったのである。

　今後は，意思表示板を使っての自己評価の具体的な方法をさらに改善していくとともに，社会科の枠にとどまらず，あらゆる学習場面でこの方法を取り入れ，自己学習力の育成に努めていきたい。

【主な参考文献】
　藤井千春著『問題解決学習のストラテジー』明治図書出版，1996 年。
　高階玲治編集『「生きる力」を育てる評価活動』教育開発研究所，1998 年。

2　指導体験記録「歴史トラベラー」(6年)の実践から，

　「学びの個別化・協同化・プロジェクト化の融合」への可能性を探る

　名古屋市では新学習指導要領の完全実施に合わせて 2019 年「第 3 期名古屋市教育振興基本計画〜夢いっぱい　なごやっ子応援プラン〜」を策定しました。

　この中で，新学習指導要領の着実な実施だけではなく，今名古屋市の議論は次の学習指導要領の目玉 (2030 年ごろ) となるだろうと予測されている「個別最適化された学び」について研究施策を進めようとしています。

　具体的には「画一的な一斉授業からの転換を進める授業改善」です。

　基礎的な学力の確実な定着，他者と協働しつつ自ら考え抜く自立した学びの実現に向けて，全ての児童生徒に対し，一人一人の進度や能力，関心に応じた個別最適化された学びを提供するための授業改善を推進していこうとしています。

　この背景には，2018 年，文部科学省が，「Society5.0 に向けた人材育成〜社会が変わる，学びが変わる〜」という報告書を公開したことが一つの要因です。内閣府は Society5.0 で実現する社会は，人間中心の社会として定義され，IoT (Internet of Things) で全ての人とモノがつながり，様々な知識や情報が共有され，人工知能 (AI) により，必要な情報が必要なときに提供されるようになると述べています。狩猟社会 (Society 1.0)，農耕社会 (Society 2.0)，工業社会 (Society 3.0)，情報社会 (Society 4.0) に続く，新たな社会を指すもので，第 5 期科学技術基本計画において我が国がめざすべき未来社会の姿として初めて提唱されました。

　こうした来るべき社会において，従前とした画一的な一斉授業で「出来合いの問いと答え」を学ぶだけの学びはどうなのか，子どもたちの主体的な学びをもっと大事にして，「探究」をキーワードにカリキュラム改革に着手したり，授業改善したりしていくべきではないか，そうしていけば全ての子どもたちが「学ぶことの楽しさ」を実感し，学校が素敵な居場所になっていくのではないか……といった議論がされるようになりました。

　そこで，「学びの個別化・協同化・プロジェクト化の融合」を提言されている熊本大学教育学部准教授の苫野一徳氏を学習会の講師としてお招きしながら，教育施策に着手し始めたところです。

　「学びの個別化・協同化・プロジェクト化の融合」について念のために説明すると，

・個別化とは　一人一人が自分に合った学び方や学びのペースで学習を進める主体的な学び (個別の自立学習)

・協同化とはお互いにゆるやかに (必要なときに必要に応じて) つながりながら，教え合い学び合う学び

・プロジェクト化とはあらかじめ決められた学習内容を頭に詰め込んでいくのではなく，自

分なりの問いを立て，自分なりの仕方で探究し，自分なりの「答え」を見つけていく学び
＝「プロジェクト型の学び」（日本でいう総合的な学習の時間，探究型の学びをイメージ）
のことをさし，それらを融合することを示しています。

ここでわたしが主張したいのは，わたしが歴史学習の中で取り組んだ「歴史トラベラー」
の実践は，まさにこの「学びの個別化・協同化・プロジェクト化の融合」を可能にする実践
として紹介できるのではないかと。

わたしが取り組んだテーマ「生き生きと学ぶ子どもが育つ歴史学習をめざして」は子ども
たちの主体的な学びをめざしたものです。これが目的です。苫野氏が主張されている「自ら
課題を見つけ，それを解決する力」「探究する力」に直結するものです。

「一人一人が自分が関心をもった歴史上の人物や事象を一つ選択し，自分なりの問いを立
てて，自分なりの仕方で探究し，自分なりの「答え」を見つけていく」のが歴史トラベラー
です。歴史トラベラーは自分が担当する歴史の単元学習時期になったら，その問いと調べた
成果と課題を他の子どもたちに「問い」として全体に投げかけ，仲間や教師と協同（力を合
わせる）して，授業づくりのかじ取りをしていくのです。

参考に，歴史トラベラー大募集とか，年間計画を改めてこの後 p.147，p.148 に挿入して
ありますので，ご参照ください。

ただ，現時点では社会科の時間数だけではなかなか指導時間が軽重をつけても足りないか
もしれません。**これからの実践に向けては，まさに社会科で学ぶ歴史上の人物と総合的な学
習の時間「（歴史上で）心をひかれる人を調べよう」をうまく関連させて，社会科を核とし
たカリキュラムマネジメントを推進していくことがポイントとなってくるでしょう。**

社会的事象や「社会に見られる課題」の中から，自分の「問い」を見つけて，自分なりの
仕方で探究し，自分なりの「答え」を見つけていく，プロジェクト型の学びは，問題解決的
な学習を基本形とする社会科の特色から，これから積極的に取り組んでいくことが可能だと
考えます。

『社会科教育』（明治図書，2019.7）では，総合初等教育研究所の北俊夫氏が日頃の社会科
の授業で「自由研究できる力」の育成を提言されています。（pp.10-15）

社会科の授業の中で，自由研究する力，探究する力をぜひ育成していくことができたらと
考えます。

さらに社会科は「環境教育」「国際理解教育」「法教育」「消費者教育」等，様々な今日的
な教育課題と関連が図りやすいことは承知の通りです。

教科等横断型のプロジェクト型の学習をどんどん取り入れ，社会科の学習を楽しいものに
していけたらと考えます。

さらに，新学習指導要領でも，6年の「日本とつながりの深い国々」の学習で，我が国とつながりが深い国から教師が3か国程度取り上げ，その中から児童一人一人が自らの興味・関心や問題意識に基づいて1か国を選択し主体的に調べることができるようにすることが平成10年の学習指導要領から引き継がれています。

　今すぐできることは，社会科の授業の中でこうした探究型の学びが発揮される場面を特に重点的に指導したり，各単元で可能なら課題選択学習等を取り入れ，子どもたちが主体性を発揮できる学習場面をどんどんつくっていったりしていきたいと思いますが，いかがでしょうか。

歴史トラベラー大募集！

歴史トラベラーとは

先生とともに，歴史の勉強のかじとりをします。（算数の勉強でいうとリトルティーチャーみたいなものかな？）

⦿　先生とともに，歴史探検隊を結成し，地域に残る遺跡や史跡や博物館などを休日等に調べまくります。調べたことを発表したり，クイズにしたり，みんなに考えてもらいたいことを提案したり……。

　　先生とともに，歴史のクイズ番組をつくるつもりで参加してみませんか。

⦿　学習する内容については，探検できない場合もあります。そのときは，図書室や図書館を利用して，先生とともにあるテーマについて調べる学習をします。そして，発表，提案……。みんなで歴史の討論ゲームをするのもよいでしょう。みんなで考えて，学習計画を立てる中心メンバーとなりましょう。

年間計画

月日	テーマ	主な学習内容	メンバー
5月 授業後	大仏をつくった聖武天皇 ―修学旅行体験を生かして―	歴史で本格的討論ゲーム第1弾。「聖武天皇はよいリーダーか，悪いリーダーか」 　調べ学習の成果を生かして相手を説得するディベーター役をしてもらいます。 　　　　　　　　　　　　学校図書室	MD　DES ES
6／4 （日）	織田信長と桶狭間の戦い／古戦場まつり／新聞参照	左のテーマにそった史跡めぐりをし，みんなに発表する準備をします。信長に興味のある人はぜひ！ 　　　　　　　　　　　　学校図書室	KY　WK SA　UT
夏休み	土器づくり	黒石のねん土を使って，U氏と一緒に野焼きをします。 　　　　　　　　　　　　〇〇幼稚園	希望者全員
夏休み	終戦50周年資料展	名古屋の空襲について調べます。 　　　　　　　　　　　　市政資料館	ST　FM ES
夏休み	吉宗と宗春	NHKドラマの歴史を探ります。 　　　　　　　　　　　　徳川美術館	NN　MK SS　AS
9月	移り変わる社会 ―安藤広重と有松絞り―	有松町並み保存地区（東海道）や絞り会館を訪れたり，浮世絵（東海道五十三次）を鑑賞したりします。 　　　　　　　　　　　　有松地区	SA　NE KM　UM
10月	徳川家康と名古屋城	名古屋城の石垣がどのようにつくられたのかを調べます。 　　　　　　　　　　　　名古屋城	AK　SM MY　MT
10月	移り変わる社会 ―江戸時代徳重の農民―	徳重の交差点・H家を探検し，江戸時代の農民の生活ぶりを調べます。 　　　　　　　　　　　　H家	希望者全員
12月	戦争中の国民生活 ―名古屋空襲―	熱田空襲を記録する会のみなさんから戦争中の話を聞き取ります。 　　　　　　　　　　　　熱田社教センター	YS　OS YS　KM

地域の素材を生かした年間指導計画例

月	小単元名	小単元設定の意図	郷土史に詳しい方	歴史トラベラー探検箇所	他の主な活動や体験
	★ 学区及びその周辺の歴史に目を向け，その存在に気付く段階　学区周辺に残り遺跡，遺物などに出会い，「身近な地域にもこんな歴史があったのか」と，関心をもつ。				
4 5	地域の歴史を学ぼう―黒石の古窯跡―	黒石周辺で発見された古窯の様子から，昔の黒石の人々のくらしをイメージ豊かにとらえることができるようにする。	・荒木実氏 ・U氏 ・見晴台考古資料館学芸員	●荒木集成館 ●粘土山（黒石の古窯のありか）	⦿荒木集成館歴史探検 ⦿火起こし ⦿土器づくり ⦿古代米栽培
	★ 名古屋（緑区中心）の歴史を出発点にして全国史を探究していく段階　「地域の史跡や文化遺産は，教科書に載っている歴史上の人物や事象と結びついているんだ」と，地域史と全国史とのかかわりに関心をもつ。				
6 7 8 9	**重点実践1** 織田信長と戦乱の世―桶狭間の戦いを出発点に―	桶狭間の戦いを出発点に信長の人物像，戦乱の世の中の様子をとらえることができるようにする。	・T寺住職 ・安土考古博物館Y学芸員	●桶狭間古戦場 ●古戦場史料館	⦿立体模型で作戦づくり ⦿「信長に迫る」と題したディベート ⦿信長にかかわる史跡・博物館取材
9 10	幕府の基礎を固めた徳川家康と徳川家光―名古屋城築城を出発点に―	名古屋城づくりを出発点に，家康が外様大名の弱体化を謀り，幕府の基礎固めをしようとしたことをとらえることができるようにする。さらに，家康の意図が家光に受け継がれていることをとらえることができるようにする。	・Mさん	●名古屋城	⦿清正石の大きさ調べ
10	移り変わる社会―東海道と有松絞りを出発点に―	絞りや東海道五十三次から，江戸時代の人々のくらしぶりをとらえることができるようにする。	・Sさん ・T家子孫	●有松町並み保存地区	⦿浮世絵鑑賞
10	移り変わる社会―徳重農民と庄屋―	徳重に残る庄屋の家，ため池跡，古文書などから当時の農民のくらしぶりをとらえることができるようにする。	・H家子孫	●H家探検	⦿尾張町村絵図を手掛かりにした探検
11 12	**重点実践2** 戦争と新しい日本の出発―名古屋空襲を出発点に―	燃える名古屋城の謎解きから，戦争に対する関心を高め，平和への願いをもつことができるようにする。	・U氏 ・熱田空襲を記録する会の人人	●終戦50周年資料展（市政資料館） ●戦争体験に関するリレートーク	⦿全国へ電話手紙取材 ⦿戦争体験者へ聞き取り

おわりに
―指導体験記録と社会科教師としてのわたしの育ち―

　毎年，自分の実践を記録に残すという行動と積み重ねが，わたしを大きく変容させてくれました。

　「社会科の教材発掘の楽しさを実感し，さらに自ら開発した教材で指導することを通して，共に子どもたちと成長できる喜びを味わうこと」がいつしか生きがいとなり，ライフワークとなりました。

　以下はわたしが平成8年8月2日に開催された指導体験記録発表会でのプレゼン原稿ですが10年目以降は少しアレンジしました。わたしの成長の足跡を語りました。

　こんにちは，K小学校の出井伸宏と申します。今年で教職10年目になります。指導体験記録は今まで8回書きました。

　指導室の方から，「記録の中味についてよりも，今日お集まりのみなさんが指導体験記録にこれから挑戦するに当たって役に立つお話を」というご依頼がありました。どんなお話をしたらよいのか，正直言って大変悩みましたが，自分自身が歩んできた道を正直に話すことがいちばん，みなさんの期待に応える発表になるのではないかと考え，「指導体験記録とともに歩んできた8年間の自分と目の前の子どもたち」と題して話をさせていただきます。8年間を少し時期を区切って話をしたいと思います。

　★最初に，書き始めた教師2年目から6年目まで

　★次に，教師7年目から昨年度9年目まで

　★最後に，今後の自分についてという順に話を進めさせていただきます。

体験をふんだんに取り入れ，楽しい社会科の授業をめざした2年目～6年目

　では，2年目から6年目までの自分がやってきたことを振り返ってみます。わたしが指導体験記録を知ったのは教師2年目です。当時の教務主任先生から，「1年間子どもと取り

組んだことを記録として残してみては」というやさしい言葉をかけてもらったのがきっかけでした。5月ぐらいに声をかけてもらったことが後で振り返ってみると記録を残すという意味で大変ありがたかったと思ってます。

　どうやって書いたらよいのか，どんなことを書いていったらよいのか，まったく見当がつかなかった自分がまずしたことは，先輩の記録を含めて資料をとにかく見せてもらうことでした。幸いに同じ学校の先輩に他教科で2回入選をとったという方がいらっしゃったのでそれを参考にどんな写真や記録を残していったらよいのかがつかめました。次にわたしは社会科なので，指導室から送られてくる今日みなさんに配られた冊子に載っている，社会で特選をとった方の記録を過去数年間にわたってコピーしました。これは教育センターの図書室で行いました。2年目の一学期から体験記録の書き方のノウハウについての資料収集をしながら，授業づくり，教材開発にのめり込んでいきました。生活科が新設されてから社会科の学習においても具体的な活動や体験が一層重視されるようなり，そのことも踏まえて「名古屋市で自分独自のオリジナルオンリー1の教材をつくり，子どもたちにぶつけていこう」という目標を立てて，ひたすら6年目まで努力し続けました。

　では，どんな教材を開発しどんな体験的活動を工夫したかを少し代表的な実践を紹介しながら話を進めていきたいと思います。（スライド提示）

　これは4年目のときの実践で，本物のマグロを教室に持ち込んで水産業の学習を始めたときの写真です。このマグロを教室に持ち込めるようになるまでの苦労はいまでもわすれません。これについてはまた機会があればお話ししたいと思います。（スライド1）

　次に5年目のときの実践で，徳川家康と名古屋城の実践で，石引の模擬体験をさせたときの写真です。今でもそうですが，当時体験的な活動の工夫が社会科学習の流行でした。（スライド2）

　これは名東区出身の柴田勝家を教材にしたときの探検活動，そして，郷土史に詳しい方への聞き取り調査の様子です。地域の人々から学ぶ学習は今でも求められていると思います。（スライド3）

　これは6年目の実践で，小学校1年生の児童に「牛乳パックの紙すき体験」をさせたときの様子です。生活科と環境教育を関連させた実践です。（スライド4）

　6年目までの自分がこのように実践を続けられたのは指導体験記録を書かなくてはという自分に対するしばりがあったからだと思います。そこで，指導体験記録が当時の自分をどのように変えたか，まとめてみました。

★一つは，目の前の子どもたちのために，今年こそいい授業をしようと自分自身の中にチャレンジ目標とがんばろうというやる気を呼び起こしてくれました。（いい体験記録にしたいという気持ちが，授業を変えるとでもいうべきか。）

★二つ目は研究会へ行ったり，本を読みあさったりして，積極的に情報を収集し，教育事情に敏感に反応できるようになりました。また，実践上のいろいろなアイデアが浮かんでくるようになってきました。

★三つ目は学校の努力点や教研で，積極的に授業を行ったり，研究に参画したりして，ものが言えるようになってきました。

教える授業から見守る授業への転換をめざした7年目〜9年目

では7年目から特選をとれた昨年までのあゆみを振り返ってみたいと思います。

7年目になり学校を変わりました。新しい学力観の授業について考えた3年間でした。体験記録を書くことが自分の年末・年始の仕事に位置付き，自分が書いてきたものを冷静に振り返れるようになってきました。6年目までの体験記録が「どちらかというと教師主導，教師の思惑どおりに子どもをひっぱる授業，体験記録であった」と反省できるようになりました。「教材開発の工夫プラス一人一人の子どもが生きる授業，体験記録」を目標にしました。

自分で「教える授業から見守る授業へ」という目標を立て待つ授業を少しずつふやしていきました。

丹念に日々，子どもの考えや意見を座席表カルテに集積し，一人一人への支援も考えていきました。重点を置いた実践の数も学期に1本だったのが，2本打てるようになっていきました。

そんなことを繰り返す中で，ただやみくもに実践を積み重ねていた6年目までの自分が，次第に課題をもって実践に取り組むことができるようになりました。

また，目の前の子どもたちがどんどん変わっていくことも実感できました。これが教師として何よりもの喜びでしたし，教師としてのやる気を呼び起こしてくれました。「子どもたちが大人になっても憶えていてくれる，そんな授業をめざすこと」が究極の目標になりました。結果も連続して指導室から各賞をいただき，そのことも正直いってはげみになりました。これはやはり，内的な報酬と外的な報酬が人間の意欲を生み出すことの表れだと実感できました。

そして，9年目を迎え，今お手元の冊子（歴史トラベラーの実践原稿です）の実践記録が7年目からの集大成だと思っています。冊子の最後に一例をのせさせていただきましたが，卒業文集に歴史トラベラーについて書きたいという子どもが多くいたことがすごくうれしく，新たな意欲の源となっています。オリジナル教材プラス一人一人の子どもに対応した今自分ができるベスト実践だと思っています。

ここで指導体験記録が当時の自分をどのように変えたか再びまとめてみたいと思います。

★子ども一人一人を見る目が少しずつ鍛えられきました。忙しい中でも，一人一人の支援を考え，努力できるようになってきました。（子どもを見る目がシャープになるというか。）

★子どもの姿から，素直に学べるようになってきました。そのことが実践上の課題をつかむのにとても役立ちました。

★体験記録の文体が子ども主体に変わってきました。

★社会科研究を通して，どんな教科・領域でも自分のポリシーがもてるようになってきました。

子ども同士の学び合いが表出する授業をめざした10年目以降

　10年目以降は，わたしは名古屋市教育研究員をめざして研究計画書を書き続けます。自分の研究テーマを，「子どもたちの学び合い」に絞り込み，子どもの成長を数値で分析できるように頑張っています。自分のやってきた実践の中から教材や手立てを絞り込み，それを中心にめざす子ども像に迫れるようにもなりました。

　「後輩からあこがれる教員になっているか」と常に自問自答しながらやっています。

　ぜひ，みなさんも25枚の指導体験記録にチャレンジしていただいて，子どもの見る目をシャープにしていただきたいと思います。子どもたちのために書き続け，よい授業をしていこうという発想をもってほしいと思います。

　指導体験記録は，1年間子どもとともに歩んできた実践の歩みを，正直に書くものです。実践の継続と失敗の連続から次の課題にどのようにつなげていくかが大切だと思います。

　指導体験記録が自分を学び続ける人間に少しずつ変えてくれました。お世話になった先生方，支援してくださった職場の方々，そして，ともに歩んできた目の前の子どもたち，体験記録という機会をあたえてくださった名古屋市教育委員会に感謝の気持ちを忘れないことをちかって，わたしの発表を終わりたいと思います。

　最後までご静聴ありがとうございました。

　以上がプレゼン原稿の内容です。

　自分の実践を毎年まとめていくことによって，社会科教師としてのわたしが大きく成長していったことを読み取っていただけたのではないかと考えます。

> 「魅力ある教材を開発して子どもたちにぶつけていこう」
> 「楽しい体験活動を工夫して，授業を楽しくしていこう」

　その熱意が

> 「教える授業から見守る授業へ」「子どもたちが大人になっても憶えていてくれる，そんな授業をめざして」

と目標をさらにステップアップさせていきました。

こうしたわたしの経験を追体験してくださる先生が一人でも多くでてきてくださることを願っています。

「小学校社会科実践の不易」

平成から令和になり，時代が変わって，新学習指導要領のキーワード・キーセンテンスだけみるかぎり，大きく変化しているようにみえます。しかし，社会科において「魅力ある教材の開発」「地域素材の教材化」「問題解決的な学習の充実」「体験活動の重視」等々は時代が変わっても不易の部分で，社会科指導の本質は変わっていません。

新しいキーワードの「カリキュラム・マネジメント」「社会に見られる課題」等といった内容も，わたしが実践してきた時代は言葉としては知りませんでした。しかし，その内容について，もうすでに先行してやっているということを，わたしの実践の中で読み取っていただけたのではないでしょうか。つまり，令和の時代となっても平成から，いや社会科誕生のときから先人が大事にしてきた，不易の部分が社会科実践の根底（土台）を支えているということです。特に，「足でかせぐ」という点はこれからも重視したい。

少しでも新学習指導要領の実践，令和の実践を進めていく皆さんへ，わたしの主張と古い拙い実践ではありますが，その熱意とエキスをくみ取っていただき，子どもにとって「学ぶことの楽しさ」を実感できる社会科授業を創っていっていただきたいと思います。

さらに，Ⅱ章の一つ目では，名古屋市の社会科教師として「名古屋市社会科同好会」という組織でずっと勉強させていただき，「名古屋市教育研究員」として1年間取り組んだ成果を全国の先生方に活用していただけたらという思いで書きました。

「意思表示板を使った授業」は，第42回（平成16年）と第54回（平成28年）の2回にわたって，全国小学校社会科研究協議会研究大会が名古屋で開催された折にも各会場の公開授業として参観者の方にみていただきました。

わたしは2回とも名古屋大会の理論研究部として携わらせていただきまして，「意思表示板を使った授業」はこれからの「主体的・対話的で深い学び」を実現するための特効薬となると確信しています。ぜひ，ご活用いただけたら幸いです。

また，意思表示板は，主体的な学習態度の評価に注目が集まる新学習指導要領での評価で

その観点を看取るポイントにもなると確信しています。

　Ⅱ章の二つ目では，2030年に向けての将来の取り組み方向を示したくて書きました。

　わたし自身もここ6年間は学校現場を離れ，名古屋市の教育行政に携わり，また貴重な体験と学びを得ています。

　最近は先ほど述べた名古屋の施策を進めるために，オランダのイエナプラン教育とかアメリカのPBLについて勉強する機会を得ています。8月の終わりには，実際にオランダへ一週間程出かけ，イエナプラン教育の研修に参加してきました。

　そこで研修したワールドオリエンテーション（日本でいう総合的な学習）は，教科等横断的な内容を扱い，日本の社会科の学習内容とも大きく関連してくるし，そこで学ぶプロジェクト型，探究型の学びは，まさに社会科の学習方法とも密接にかかわります。

　つまり，「総合的な学習の時間に限らず，社会科の授業の中で『一人一人の課題別学習』『一人一人のプロジェクト型の学びの時間』『一人一人の自由研究の時間』を今後意図的に設定して，探究型の学びを少しでもカリキュラム化し，創出していくことは可能ではないでしょうか」という思いを伝えたかったということです。さらに2030年ごろの学習指導要領でどう社会科で取り入れられていくのかがとても楽しみです。そのためには，学習指導要領の中身を厳選していく必要があります。

　わたしの一筆が少しでもヒントとなり，生き生きと社会科の授業づくりに取り組む教師の姿につながり，ひいては子どもたちの笑顔につながっていくことを期待してやみません。

あとがき
―本書を書き終えて―

〇地域にある歴史素材をどう教材化し，具体的な活動や体験をどのように学習過程に取り入れるか。

〇グローバル化する国際社会に主体的に生きる子どもを育てるため，社会科（低学年の場合，生活科）と他教科等の学習内容をどのように横断的な視点で組み立てて実践していくか。

〇新学習指導要領に初めて記された「社会に見られる課題」をどのように教材化し，その解決に向けて社会への関わり方を選択・判断する力，選択・判断したことを表現する力をどのように養うのか。

〇指導計画を立てる際，どのように具体的な体験を伴う活動を充実させるか。

等の疑問に関して，実践例を通して答えのヒントを示したつもりですが，いかがでしたか。
　さらに，新学習指導要領の完全実施や令和実践に向けてのアイデアの一つとして意思表示板の活用，「学びの個別化・協同化・プロジェクト化の融合」の学習事例として歴史トラベラーという手法を提案しました。
　積極的にご活用いただけたら幸いです。

令和2年元旦

著者紹介

出井伸宏（名古屋市教育センター研究調査部長）

昭和38年名古屋市生まれ。昭和62年3月愛知教育大学小学校教員養成課程社会科歴史教室卒業。62年4月から名古屋市で小学校教諭としてスタート。平成15年から名古屋市社会科研究会役員を務め，平成19年文部科学大臣優秀教員表彰をうける。平成24年から名古屋市で校長として勤務。平成26年から名古屋市教育委員会指導室で指導主事，主任指導主事を経て，平成29年4月より現職。教育委員会では「名古屋市教育課程（社会科）」「ナゴヤ歴史探検」（中学生の歴史副読本）等の編集企画・プロジェクトを担当。最近は画一的な一斉授業からの転換を進める授業改善でオランダのイエナプラン教育やPBL等を調査研究。名古屋市の人権教育研修についても推進している。

名古屋市社会科同好会・研究会，名古屋歴史教育研究会，愛知教育大歴史学会に所属する。平成11年名古屋市教育研究員として自己学習力の育成をめざして意思表示板を使った社会科授業づくりについて研究。平成16年と平成28年の全国小学校社会科研究協議会名古屋大会では，大会理論の構築に携わる。

主な研究業績

昭和63年〜平成7年　名古屋市指導体験記録入賞7回

平成 6 年　名古屋市単独若手教員海外派遣員（オランダ・イギリスで環境教育について研究）

平成11年　名古屋市教育研究員修了　研究テーマ「自己学習力が育つ社会科学習」

平成13年　第39回全国小学校社会科研究協議会群馬大会全国発表

平成13年　第36集全国小学校社会科研究協議会論文入選

主な編著

・「社会科教育2019年1月号」pp.62-65 明治図書

日本と世界融合する授業デザイン　小学校5年　小単元「世界の中の国土〜領土に関する学習」

・「社会科教育2019年8月号」pp.62-65 明治図書

指導スキルで展開が変わる！おすすめ授業モデル　小学校5年　意思表示板を使って「今後の産業の発展を考える学習」

その他，「なごやの町名」（名古屋市計画局），「アイデアいっぱい！ 総合的な学習」（名古屋市社会科同好会）等で一部執筆。

イラスト：伊東美貴

しょうがっこうしゃかいかじっせん　ふえき
小学校社会科実践の不易

2020 年 2 月 10 日　初版発行	著　者	出　井　伸　宏
	発行者	武　馬　久　仁　裕
	印　刷	藤原印刷株式会社
	製　本	協栄製本工業株式会社

発 行 所　　　　　株式会社 黎 明 書 房

〒 460-0002　　名古屋市中区丸の内 3-6-27　EBS ビル
☎ 052-962-3045　　FAX 052-951-9065　　振替・00880-1-59001
〒 101-0047　　東京連絡所・千代田区内神田 1-4-9　松苗ビル 4 階
☎ 03-3268-3470